Friedrich Schweitzer

Das Recht des Kindes auf Religion

Ermutigungen für Eltern und Erzieher

Gütersloher Verlagshaus

Die Deutsche Bibliothek – CIP-Einheitsaufnahme

Schweitzer, Friedrich: Das Recht des Kindes auf Religion:
Ermutigungen für Eltern und Erzieher / Friedrich Schweitzer. –
Gütersloh: Kaiser, Gütersloher Verl.-Haus, 2000
ISBN 3-579-02300-4

Dieses Werk folgt der reformierten Rechtschreibung und Zeichensetzung. Ausnahmen bilden Texte, bei denen künstlerische, philologische oder lizenzrechtliche Gründe einer Änderung entgegenstehen.

Umwelthinweis:
Dieses Buch wurde auf chlorfrei gebleichtem und alterungsbeständigem Papier gedruckt. Die vor Verschmutzung schützende Einschrumpffolie ist aus umweltschonender und recyclingfähiger PE-Folie.

ISBN 3-579-02300-4
© Chr. Kaiser/Gütersloher Verlagshaus, Gütersloh 2000

Umschlaggestaltung: Scanlight GmbH, Marienfeld, unter Verwendung eines Fotos © Konrad Wothe / Picture Press Life
Satz: Weserdruckerei Rolf Oesselmann GmbH, Stolzenau
Druck und Bindung: Těšínská Tiskárna AG, Český Těšín
Gedruckt auf chlorfrei gebleichtem Werkdruckpapier
Printed in Czech Republic

Für Mirjam, Paul und Emily,
meine Kinder,
von denen ich viel gelernt habe,
und für die Kinder,
die ihnen dafür vielleicht
dankbar sind!

Inhalt

Zur Einführung... 9

Brauchen Kinder Religion? 13

1. Kinder vor dem Geheimnis der Welt –
   Was wir von Kindern an religiöser Orientierung
   lernen können 13

2. Müssen Kinder brauchen? Vom Brauchen und
   vom Nichtbrauchen – oder: Wie wir Kinder wahrnehmen 23

3. Fünf große Fragen im Aufwachsen der Kinder 27

4. Behindert religiöse Erziehung
   die Selbstwerdung des Kindes? 38

5. ... und welche Religion? 50

Was den Erwachsenen Schwierigkeiten macht:
Zwischen Unsicherheit und neuer Chance 59

1. Die eigene religiöse Sozialisation:
   »So möchte ich meine Kinder nicht erziehen!« 60

2. Fragen und Zweifel:
   Unsicherheit bei der religiösen Erziehung 65

3. »Mein Kind soll selber entscheiden!« – oder:
   Wie weit reicht das Selbstbestimmungsrecht des Kindes? 69

4. Neue Chancen im Wandel von Erziehung und Familie 75

**Mit Kindern das Leben erfahren und bedenken:
Konturen einer neuen Praxis** 83

1. Das Recht des Kindes
   und die Praxis der religiösen Erziehung 83

2. Kinderphilosophie – Kindertheologie? 88

3. Biblische Geschichten: Können Kinder die Bibel auslegen? 98

4. Mit Kindern beten? 108

5. Brauchen Kinder Kirche – welche Kirche braucht das Kind? ... 118

Ausblick: Kinderrechte und das Recht auf Religion 127

Anmerkungen 135

Zur Einführung

Warum dieses Buch?

In diesem Buch wird die Auffassung vertreten, dass Kinder ein Recht auf Religion und auf religiöse Erziehung besitzen. Für manche Eltern und Erzieherinnen oder Pädagogen mag dies ganz selbstverständlich sein. Doch gibt es heute gleich eine ganze Reihe von Gründen dafür, die Frage nach Religion als Recht des Kindes aufzuwerfen. Einige davon seien schon vorab genannt:

– Schon seit Jahren gibt es in der Öffentlichkeit eine Tendenz, von Religion und religiöser Erziehung eine Einschränkung und Belastung der kindlichen Entwicklung zu erwarten. Bücher wie die viel gelesene »Gottesvergiftung« (Tilmann Moser) und Darstellungen wie »Der liebe Gott sieht alles« (Dagmar Scherf) waren und sind Kristallisationspunkte dieser Auffassung. So besteht erhebliche Unsicherheit darüber, ob Religion überhaupt gut sei für Kinder oder eben schädlich.

– In den letzten zwei oder drei Jahrzehnten haben sich die Vorstellungen davon, wie Erziehung aussehen soll, kräftig verändert. Der Trend geht »vom Befehlen und Gehorchen zum Verhandeln«: Die Freiheit und Selbstbestimmung der Kinder soll stärker geachtet werden. Das ist zu begrüßen. Aber was bedeutet es für religiöse Erziehung? Wird sie überflüssig, weil Kinder sich auch für einen Glauben eben nur selbst entscheiden können? Oder wäre auch dies bloß eine neue Überforderung für das Kind? Und schließlich: Wie sollen sich Kinder gegen oder für etwas entscheiden, das sie nie kennen gelernt haben?

– Besonders in den östlichen Bundesländern hat die atheistische Staatserziehung dazu geführt, dass nur noch 20% oder 30% der Bevölkerung zu einer Kirche gehören. Wie aber steht es mit den Kindern der anderen: Sollen Religion und Glaube in ihrem Aufwachsen überhaupt keine Rolle spielen? Ist es richtig, wenn Eltern, Kindergärten und Horte auf jede religiöse Erziehung verzichten, um die Kinder »nicht zu beeinflussen«?

- Die wissenschaftliche Pädagogik in Deutschland verhält sich bei der Frage der religiösen Erziehung äußerst zurückhaltend. Weithin scheint sie der Auffassung zu folgen, Religion sei eben »Privatsache«, und darüber könne in der wissenschaftlichen Pädagogik ebenso wenig entschieden werden wie über Fragen des guten Geschmacks. Religion bleibt deshalb in vielen pädagogischen Büchern über Kind und Kindheit ausgespart – eine unbefriedigende Situation, die weder der Praxis der Erziehung noch dem Kind wirklich hilft. Wer sagen will, welche Erziehung den Kindern nutzt, kann die religiöse Erziehung nicht gut verschweigen.

Gesellschaftliche Tendenzen dieser Art führen zu kritischen Rückfragen. Es ist neu zu prüfen, ob Kinder ein Recht auf Religion besitzen oder nicht und was dies für ihre Erziehung bedeutet.

Gleichzeitig gibt es aber auch Entwicklungen, die als *neue Chance für religiöse Erziehung* gesehen werden können:

- Auch wenn Bildung und Erziehung weithin nur danach beurteilt werden, was sie für den beruflichen Erfolg im Leben bringen, wächst doch zugleich bei vielen Menschen auch der Wunsch, das Leben nicht auf die Karriere zu verengen. Zum Leben gehört nicht nur die finanzielle Seite, sondern es kommt immer auch darauf an, im Leben Sinn zu finden. Wer dies einmal erkannt oder schmerzhaft erfahren hat, wird auch offen sein für die »großen« Fragen der Kinder.
- Viele Eltern, Erzieherinnen und Erzieher wollen sich nicht damit zufrieden geben, den Kindern einfach das zu vermitteln, was eine Kirche lehrt oder vorschreibt. Sie fühlen sich selbst als Christen oder haben zumindest ein deutliches Interesse an Fragen von Glaube und Religion, von Werten und von Sinn im Leben – aber sie wollen hier selbst entscheiden und ihre eigenen Wege gehen. Solche Erwachsenen stehen auch vor der Herausforderung, Kindern eine religiöse Erziehung zu bieten, die einem freiheitlich-persönlichen Anspruch gerecht wird. Gerade für sie wird es wichtig, religiöse Erziehung vom Recht des Kindes her zu begreifen und zu gestalten.
- Immer nachdrücklicher wird an vielen Stellen eine veränderte Haltung gegenüber Kindern gefordert. Vor allem solche Auffassungen, die dem Kind eine bloß künstliche Kinderwelt vorgaukeln wollen, werden kritisch befragt. Vieles, was angeblich »zum Schutz« des Kin-

des geschieht, scheint in Wahrheit eher die Erwachsenen in Schutz zu nehmen – beispielsweise vor Fragen nach dem Tod, den die Erwachsenen am liebsten verschweigen und der den Kindern doch begegnet, oder vor Fragen nach Krankheit, nach Trennung von geliebten Menschen, nach Schmerz und Einsamkeit.

Für wen ist dieses Buch geschrieben?

Das Buch wendet sich in erster Linie an Eltern sowie an Erzieherinnen und Erzieher, aber auch an die Träger beispielsweise von Kindergärten und Horten sowie an die Öffentlichkeit. Zugleich ist auch eine elementare Frage aller Erziehung und damit auch der Erziehungswissenschaft angesprochen, und darum können die im Folgenden dargestellten Auffassungen vielleicht auch im Bereich der Erziehungswissenschaft ein neues Nachdenken über religiöse Erziehung auslösen.

Viele der im Folgenden dargestellten Gedanken sind im Gespräch mit Erzieherinnen und Eltern entwickelt worden. Zum Teil stehen sie auch in einem direkten Zusammenhang mit der Suche nach einem neuen Konzept für religiöse Erziehung im Kindergarten, die wir unter dem Titel »Kinder brauchen Hoffnung – Religion im Alltag des Kindergartens« veröffentlicht haben.[1]

Das vorliegende Buch wendet sich bewusst nicht nur an solche Eltern und Erzieherinnen, die sich im Glauben sicher sind. Es ist richtig, dass religiöse Erziehung für den christlichen Glauben unerlässlich ist, aber sie ist umgekehrt keineswegs auf diesen Glauben beschränkt. *Jedes* Kind hat ein Recht auf Religion – deshalb sind bei diesem Thema *alle* Eltern angesprochen und auch *alle* Erzieherinnen und Erzieher.

Schließlich: Schon durch seinen Titel steht dieses Buch noch in einem weiteren Zusammenhang – dem Zusammenhang der Kinderrechtskonvention sowie allgemein dem Bestreben, den Rechten von Kindern Anerkennung zu verschaffen. Darauf wird besonders im letzten Teil des Buches ausdrücklich einzugehen sein.

Aufbau des Buches

Die drei Hauptteile des Buches stehen für drei mögliche Blickwinkel: Im ersten Teil steht das *Kind* ganz im Zentrum – mit seinem Recht auf Religion und religiöse Erziehung. Im zweiten Teil geht es um die *Erwachsenen* – um Eltern, Erzieherinnen und Erzieher, die dieses Recht in der Praxis wahrnehmen müssen. Ihre Schwierigkeiten mit Religion und religiöser Erziehung, aber auch die Chancen, die in ihrer Situation zu erkennen sind, müssen sorgfältig bedacht werden, wenn das Recht des Kindes auf Religion wirklich zum Tragen kommen soll. Ob dies gelingt, entscheidet sich am Ende aber in der *Praxis* selbst. Deshalb werden im letzten Teil zumindest *Konturen einer neuen Praxis* beschrieben – nicht in Wiederholung allseits bekannter Ratschläge aus der dazu verbreiteten Literatur, sondern immer mit der Frage nach Religion als Recht des Kindes und nach den Folgerungen aus diesem Recht für eine kindgemäße religiöse Erziehung und Begleitung.

Dank

Dieses Buch wäre nicht geschrieben worden ohne die zahlreichen Gespräche mit Eltern, Erzieherinnen, Lehrerinnen und Lehrern, denen ich in der Elternarbeit sowie bei meinen Tätigkeiten in Kindergarten und Grundschule begegnet bin und denen ich für ihre Anregungen danken möchte. Das Buch verdankt sich zugleich dem Gespräch mit den Tübinger Kollegen Karl Ernst Nipkow und Albert Biesinger sowie – im Rahmen eines religionspädagogischen/kinder- und jugendpsychiatrischen Seminars – Gunther Klosinski, auf deren zum Teil ähnlich ausgerichteten Bücher ich an dieser Stelle ausdrücklich hinweisen möchte.[2] Besonderen Dank schulde ich freilich meinen Mitarbeiterinnen Regine Froese und Claudia Schlenker, die das Manuskript kritisch gelesen und kommentiert haben. In ganz anderer Weise schließlich ist dieses Buch mit meinen drei Kindern verbunden – mit Mirjam, Paul und Emily, denen ich es deshalb widmen möchte.

Tübingen, im Frühjahr 2000   *Friedrich Schweitzer*

Brauchen Kinder Religion?

1. Kinder vor dem Geheimnis der Welt – Was wir von Kindern an religiöser Orientierung lernen können

Geheimnisse in der Welt des Kindes

Wenn man Kinder fragt, was ein Geheimnis sei, dann antworten sie:»Was man nicht sagen darf« oder »was man nicht sagen will«. Dabei geht es häufig darum, dass die Eltern oder Erzieherinnen nicht erfahren sollen, was die Kinder getan oder angestellt haben. Wenn das Geheimnis bekannt würde, dann gäbe es »zu Hause ganz schön Ausmecker«. Ein Geheimnis ist hier also einfach das, was nicht verraten werden darf.

Auch Kinder wissen aber schon von einer anderen Art von Geheimnissen. Renate Valtin, die Kinder danach gefragt hat, bezeichnet dies als das »schöne Geheimnis«.[1] Dabei geht es um »solche Geheimnisse, die gewissermaßen im Windschatten der elterlichen Kontrolle stehen, keine Gefahren enthalten und keinem Verbot unterliegen: Sie haben ein geheimes Weglein entdeckt oder eine Falle gebuddelt, eine Höhle gefunden oder ein Loch in der Tapete, oder sie spielen etwas, von dem niemand weiß«.

So etwa die sechsjährige Anja:»Ich hab auch ein Geheimnis. Wir waren mal … in Spanien, da haben wir in so einem Haus gewohnt, da habe ich so eine kleine Lücke gefunden, wo 'ne Maus drin war, da habe ich dann so weißes Papier … zugeklebt, aber da hab ich, als ich hinkam, immer wieder das Papier abgemacht«.

Beim »schönen Geheimnis« geht es um Entdeckungen und Erfahrungen, die Kinder machen und die ihre Welt bereichern. Ihre Welt besitzt geheime Wege, Verstecke und Löcher, hinter denen sich vielleicht eine Märchenwelt auftut oder sogar ein ganzes Traumreich erstreckt. Das ist das »schöne Geheimnis«.

13

Schon vor 200 Jahren hat der berühmte Theologe und Pädagoge Friedrich Schleiermacher davon gesprochen, dass es im »Verhältnis des Menschen zu dieser Welt gewisse Übergänge ins Unendliche, durchgehauene Aussichten« gebe.[2] Die Welt, so würden wir es vielleicht sagen, ist nicht in sich geschlossen. Die Welt hat *Fenster* – Fenster, durch die man gleichsam aus der Welt hinausschauen kann. Das ist gemeint, wenn wir vom *Geheimnis der Welt* sprechen.[3]

Bei ihrer Erkundung der Welt stoßen die Kinder schon früh auf solche Fenster, und es geht ihnen ungefähr so, wie es auch der sechsjährigen Anja mit ihrem geheimen Ausgang hinter der Tapete gegangen sein dürfte: Sie spüren und erwarten, dass sich hinter diesen Fenstern eine zweite Welt öffnet – eine Welt, deren Geheimnisse noch aufregender und spannender sein könnten als die der ersten Welt, in der sie leben.

Schleiermacher war aber nicht nur einer der ersten, der uns auf die Bedeutung solcher »Aussichten« oder Fenster für das Kind und für eine angemessene Erziehung hingewiesen hat – er hat damals auch bereits klar gesehen, dass man diese Aussichten »verstopfen« und die Fenster »verrammeln« kann. Man muss die Räume der Kinderwelt nur genügend vollstellen – mit vorfabriziertem Spielzeug, mit Fernsehen und Computer-Animation. Dann steht auch zu erwarten, dass die Kinder am Ende diese Fenster nicht mehr entdecken werden.

In einer Zeit, in der Aussichten verstopft und Fenster verrammelt werden, ist es nützlich, genauer zu fragen, wo Kinder selbst solche Fenster in der Welt vielleicht entdecken. Zugleich muss es aber auch schon hier um die Erwachsenen gehen: Sehen auch sie – sehen auch *wir* – solche Fenster? Was sehen wir durch diese Fenster?

Fenster in der Kinderwelt

Im Verhältnis zur Welt, so haben wir gesagt, gibt es Fenster, durch die man gleichsam zur Welt hinausschauen kann. Gemeint sind Begegnungen und Erfahrungen, bei denen die vertraute Welt fragwürdig wird, bei denen eine Tiefendimension aufscheint, an die wir normalerweise nicht denken. Wer vor einem solchen Fenster steht, der bemerkt plötzlich, dass die Welt mehr ist als das, was ich mit Händen tun oder greifen kann, mehr ist als das, was ich mit Ohren höre, mehr ist als das, was ich mit meinen Augen sehe.

Wo machen Kinder solche Erfahrungen? An welchen Punkten wird für sie die Welt zur Frage? *Drei Fenster* will ich etwas genauer betrachten, drei Fenster, an denen jedes Kind einmal vorüberkommt.

Vor einem *ersten Fenster* steht das Kind, lange bevor es bewusst darüber nachdenken oder selbst Fragen stellen kann. Das Kind wird hineingeboren in ein Verhältnis zu Erwachsenen, von deren Zuwendung es auf Gedeih und Verderb abhängig ist. Wenn Mutter, Vater oder andere Pflegepersonen sich als vertrauenswürdig erweisen, dann kann das Kind sich in gesunder Weise entwickeln. Wo ein solches verlässliches Verhältnis fehlt, da werden Kinder krank. Sie können nicht richtig leben. Kriegswaisen beispielsweise sind schon deshalb häufig dem Tod ausgeliefert, weil ihnen feste Bezugspersonen fehlen. Bei der Versorgung solcher Kinder im Zweiten Weltkrieg oder nach anderen Kriegen ist immer wieder beobachtet worden, dass manchmal selbst eine noch so gute medizinische oder sonst körperliche Versorgung sie nicht am Leben erhalten kann.

Die beschützende und versorgende Welt, auf die das Kind angewiesen ist, besteht also nicht nur aus der richtigen Ernährung, warmer Kleidung und pünktlich verfügbaren Mahlzeiten. Das Kind kann nur leben, wenn und weil es geliebt wird. Für das Kind ist das eine Frage von Sein oder Nichtsein, von Leben und Tod. Dabei geht es zunächst ganz um die Eltern, später um andere Menschen wie Erzieherinnen oder Lehrer, die dem Kind diese liebevolle Zuwendung geben müssen.

Diese Zuwendung und das Vertrauen, mit dem das Kind auf liebende Fürsorge antwortet, können zunächst psychologisch gedeutet werden. Psychologen wie Erik H. Erikson sprechen hier von der Spannung zwischen einem »Grundvertrauen« und einem »Grundmißtrauen«.[4] Solche Begriffe deuten aber bereits an, dass es beim Vertrauen des Kindes um mehr geht als um das, was Vater, Mutter oder andere Erwachsene tatsächlich versprechen können. Es geht um ein unbedingtes Vertrauen – um das Vertrauen in die Vertrauenswürdigkeit der Welt. Die Vertrauenswürdigkeit der Welt kann kein Mensch garantieren. Sie verweist auf die Frage nach Gott, auch wenn das Kind diese Frage noch nicht aussprechen kann. Gibt es in dieser Welt eine Liebe, auf die ich mich letztlich verlassen kann, oder gibt es sie nicht? Am Anfang ist diese Frage den Kindern selbst nicht bewusst. Dennoch ist sie in den Erfahrungen, die jedes Kind macht, bereits angelegt. Und später kann sie dann von den Kindern oder Jugendlichen auch selbst gestellt werden. Vertrauen und Hoffnung, Vertrauenswürdigkeit der Menschen und letztlich der Welt, vom Anfang des Lebens her, hier sehe ich das erste Fenster, an dem Kinder vorüberkommen.

Das *zweite Fenster* hat mit dem Ende des Lebens zu tun. Wann musst Du sterben? Und muss ich auch sterben?

In dem schönen, bislang leider nicht ins Deutsche übersetzten Buch über »Die Erziehung des ganzen Kindes« von Clive Erricker u.a. sind folgende Äußerungen eines neunjährigen Mädchens über das »Geheimnis« der verstorbenen Großmutter wiedergegeben:

»Ich denke, dass man im Himmel auf einem weißen Pony reiten und Marshmallows [Süßigkeiten] essen kann. Bevor meine Oma starb, hat sie mir viel erzählt, weil sie wusste, dass sie sterben würde; und sie hat mir alles erzählt, was sie dann machen würde, und sie hat gesagt, dass sie mir eine Postkarte schicken würde. Bevor sie dann weggegangen ist, gab sie mir ein Stück Papier und klebte eine Fotografie darauf. Ich habe es noch.

Sie sagte, dass sie glücklich sein wird und dass sie will, dass auch ich glücklich bin, wenn sie stirbt. An dem Tag nahm sie ein Bild von sich und der ganzen Familie, klebte es auf eine Postkarte und schrieb auf die Rückseite ›Ich werde dich in deinem Herzen besuchen‹. Jetzt ist sie immer bei mir. Jetzt rede ich mit ihr die ganze Zeit. Ich spreche mit ihr, wenn ich einsam bin. Wenn ich mit meinen Freunden gestritten habe, setze ich mich auf die Mauer und denke an sie und rede mit ihr. Wenn ich mich geärgert habe, sitze ich dort und rede mit ihr über meine Freunde. Sie erzählt mir, dass sie auf Sachen reitet. Sie sagt, dass es ihr wirklich gut geht. Sie sagt, sie wird mich anrufen. Sie sagt Dinge in meinem Kopf, sie ruft mein Gehirn an und redet mit mir. Als sie in den Himmel ging, nahm sie eines ihrer besonderen Geheimnisse mit sich. Sie nahm es mit und kann mich einfach anrufen, das war schlau. Dieses besondere Geheimnis macht es ihr möglich, das zu tun. Ich möchte oft Leuten etwas erzählen, aber sie verstehen es nicht. Ich weiß, dass alle, die gestorben sind, im Himmel sind. Großmutter sagt mir das. Sie arbeitet in einer Reinigung. Sie wäscht alle Wolken im Himmel. Sie hat sehr viele Freunde im Himmel. Sie hofft, dass wir noch lange leben, aber sie will, dass ich sie dort oben besuche. Ich würde sie gerne besuchen, aber wenn man dorthin hinaufgeht, muss man dort bleiben. Man kann nur gehen, wenn man gestorben ist. Der Himmel ist hoch, hoch oben, höher als der Weltraum.«[5]

Dieser eindrucksvolle und bewegende Bericht, der hier natürlich aus verschiedenen Äußerungen zusammengestellt ist – ein Kind hält sehr selten einen so langen Vortrag –, ist in mehrfacher Hinsicht bemerkenswert. Zunächst erinnert er uns daran, dass die Frage nach dem Tod schon früh aufbricht. Ein totes Tier, das auf der Straße liegt – der Tod eines geliebten Verwandten oder der Tod eines anderen Kindes – die Frage nach dem Ende des Lebens lässt sich mit Kindern nicht verschweigen. In ihrer Untersuchung über Religion im Denken heutiger Eltern ist Martha Fay[6] nicht zufällig zuerst auf diese Frage gestoßen: Wie steht es mit dem Tod? Was bedeutet der Tod für unser Leben? Was kommt nach dem Tod? Und warum müssen wir sterben?

Weiterhin lassen diese Äußerungen erkennen, welche Frage für das Kind angesichts des Todes entscheidend ist: Für das Kind hat der Tod vor allem mit Beziehungen zu tun. Wie es ein anderes Kind einmal formuliert: Die Eltern sollen nicht sterben – sonst »bin ich ja so alleine«.[7] Der Tod bedroht die soziale Welt des Kindes, lässt deren Brüchigkeit ahnen.

Wie C. Erricker hervorhebt, sind die von ihm berichteten Äußerungen des neunjährigen Mädchens aber auch ein eindrucksvoller Beleg dafür, wie Kinder selbstständig eine Lösung für ihre Probleme finden. Die von dem Mädchen gebrauchten Bilder, die zum Teil an Disney-Filme erinnern, werden benutzt, um einen »tieferen persönlichen Zweck« zu erfüllen – nämlich »der Möglichkeit, einer Beziehung zur Großmutter über den Tod hinaus Raum zu geben«. Es ist nicht nur falsch anzunehmen, die Frage nach Tod und Sterben spiele für Kinder keine Rolle, sodass die Erwachsenen sie für sich behalten könnten – es ist auch falsch, wenn wir denken, Kinder könnten mit Tod und Sterben nicht umgehen. Offenbar tun sie es aber auf ihre eigene Art und Weise, die den Erwachsenen nicht immer einsichtig ist.

Freilich sind nicht alle Vorstellungen, die sich Kinder dabei ausdenken, wirklich hilfreich. Die Vorstellung von der Großmutter, die vom Himmel aus mit dem Kind spricht, hat auch etwas Gespenstisches und könnte so für das Kind bedrohlich werden. Ob sie dem Kind hilft oder ob vielleicht eher eine vorsichtige Korrektur erforderlich wäre, das lässt sich aber nur im Gespräch mit dem Kind selbst entscheiden. Doch sollte die Haltung der Erwachsenen dem Kind etwas zutrauen und deshalb grundsätzlich von der Erwartung ausgehen, dass die Vorstellungen des Kindes seinen Bedürfnissen entsprechen.

Die Krankenhausseelsorgerin Dorothea Bobzin berichtet folgendes Erlebnis[8]:

»›Und wir hatten uns so gefreut‹, seufzten die Eltern, ›dann diese Nachricht‹ – ein schwerkrankes Neugeborenes. Es hatte keine Lebenskraft aus sich, Hilfe war nicht möglich. Es starb. Kinderbeerdigung. Die vierjährige Tochter war mit dabei, nachdem ich lange mit den Eltern darüber hin und her erwägend gesprochen hatte. Die Eltern waren überzeugt, daß es so für sie alle gut sei. Am Grabe dann traten alle nacheinander vor, um Erde zu werfen oder Blumen. Zuletzt aus der Familie kam die vierjährige Schwester der kleinen verstorbenen Julia. Sie hatte einen wunderschönen Biedermeier-Strauß in ihrer Hand. Nun sollte sie die Blumen in das Grab werfen. Doch sie weigerte sich. ›Nein!‹ Die Eltern waren unsicher – was tun? Es galt, herauszufinden, was im Kinde vor sich ging. Dann trat ich zu dem Kind, stellte mich dicht neben es und fragte: ›Was möchtest du?‹ Sie: ›Ich möchte sie behalten, das geht doch nicht, ich kann sie doch nicht wegwerfen, die Blumen habe ich doch von Julia. Die hat Julia mir geschenkt. Ja, die hat sie mir geschenkt.‹ Und ich empfand, wie verständlich, was sie von und durch Julia erhalten und in den Händen hatte, das wollte sie behalten. ›Behalte sie‹, sagte ich ihr. ›Danke, Julia!‹«

Vertrauen und Hoffnung, Sterben und Tod – das sind Fenster, die gleichsam in den menschlichen Lebenslauf eingebaut sind. Geboren werden und sterben gehören zum Leben selbst mit hinzu.

Das ist anders mit dem *dritten Fenster*, das ich hier nennen möchte: die ausdrückliche Frage nach Gott. Auch diese Frage bricht im Leben der Kinder auf, etwa im Zusammenhang des Todes, aber sie ist doch darauf angewiesen, dass dem Kind auch das Wort Gott begegnet. Dies ist allerdings, zumindest hier zu Lande, noch immer vielfach der Fall, selbst dort, wo Eltern es gar nicht unbedingt wollen.

Der englische Religionspädagoge John Hull[9] berichtet dazu folgendes Gespräch mit einem dreieinhalbjährigen Kind:

Kind: Hieß der Mann Herr Vogel?
Vater: Ja.
Kind: War er ein Vogel? (lacht)
Vater: Sah er denn aus wie ein Vogel?
Kind: Nein.
Vater: Warum nicht?
Kind: Vögel haben Federn. (lacht)
Vater: Und der Mann hatte doch keine Federn, oder? Er hatte Kleider an. (beide lachen)

Kind: Und Vögel haben Flügel.
Vater: Ja.
Kind: Vögel sterben.
Vater: Menschen auch.
Kind: (schweigt)
Vater: Was bedeutet »sterben«?
Kind: Daß man zu Gott geht.
Vater: Wo ist Gott?
Kind: Oben, im Himmel.
Vater: Aber oben im Himmel sind die Wolken.
Kind: (lacht) Nein, ich meine, wenn man immer höher und höher und höher steigt, über die Wolken hinaus, und immer höher und höher … und dann kommt man (flüsternd) zu einem winzigen Häuschen, und in diesem Häuschen ist Gott.

Zweierlei möchte ich hierzu hervorheben: Zum einen die verbreitete Vorstellung, dass Totsein heißt, bei Gott im Himmel zu sein. Bei meiner eigenen Arbeit mit Kindern war für mich immer wieder überraschend, wie viele Kinder ganz selbstverständlich von dieser Vorstellung ausgehen: Wenn Menschen sterben, dann gehen sie hinauf zu Gott in den Himmel. Oft lässt sich kaum mehr feststellen, woher Kinder diese Vorstellung haben. Jedenfalls wird sie auch von Eltern berichtet, die großen Wert darauf legen, Kindern so etwas selbst nicht zu erzählen.

Zum anderen begegnen wir hier der Frage, was es denn mit dem Himmel überhaupt auf sich hat. In vielen Kinderzeichnungen ist leicht zu erkennen, dass der Himmel für die Kinder eine elementare Bedeutung besitzt. Der Himmel erscheint in ihren Bildern gleichsam als Dach der Welt – ein Dach, das sich über der Erde wölbt und schließt und das auf diese Weise dafür sorgt, dass die Erde wohnlich bleibt.

Mit zunehmendem Alter sind Kinder dann damit beschäftigt, nicht nur einzelnes in der Welt wahrzunehmen, sondern dies alles auch noch einmal in eine umfassende Ordnung zu bringen und den Zusammenhang von allem zu erkennen. So entwerfen sie sich ein Bild von der Welt – ein Weltbild, mit einem oben und einem unten, einem Himmel und einer Erde, unter der sich manchmal auch noch eine Hölle auftut. Und in diesen Himmel hinein sehen sie Gott, der dort seine Wohnung hat – so wie es auch das dreieinhalbjährige Kind im Gespräch oben darstellt.

Das Wort Gott und die Vorstellungen von Gott sind für Kinder offenbar geheimnisvoll – Anlass für viele Fragen, die nicht leicht zu beantworten sind: Was tut Gott eigentlich? Wo wohnt Gott? Kann Gott mich sehen? Kann Gott sprechen? – In einem sehr lesenswerten Essay hat der Pädagoge Jürgen Oelkers solche Kinderfragen als Reaktion auf das Problem der Vorstellbarkeit des Unvorstellbaren gedeutet. Dieser Widerspruch führe zu immer weiteren Fragen, könne aber letztlich nicht aufgelöst werden: »Aus Fragen ergeben sich *weitere* Fragen oder aus Problemlösungen *Probleme*. Wieso ist Gott groß? Kann er nicht doch ganz klein sein? Und wieso ist er überall, wenn er doch etwas Bestimmtes sein soll? Und wo ›ist‹ er, wenn er nicht auseinanderfallen kann? Schließlich: Wenn er *vor* der Welt da war, wieso ist er dann *in* ihr?«[10]

Die Welt hat Fenster, so haben wir gesagt. Im Leben der Kinder gibt es Begegnungen und Erfahrungen, an denen die Welt fragwürdig wird. Was bedeuten diese Fenster nun aber für uns Erwachsene? Können auch wir noch durch diese Fenster sehen?

Kinderfragen: auch für Erwachsene?

Kinderfragen besonders nach dem Tod oder danach, wo Gott eigentlich wohnt, machen den Erwachsenen eher Schwierigkeiten. Häufig ziehen wir es vor, rasch das Thema zu wechseln, besonders weil Kinder solche Fragen häufig in den unpassendsten Situationen stellen – etwa in der Öffentlichkeit, in der Erwachsene nur ungern über solche Themen sprechen. Woran liegt es, dass den Erwachsenen der Zugang zu diesen Kinderfragen oft so schwer fällt? Darüber wird im zweiten Teil dieses Buches noch mehr zu sagen sein. Drei Gründe möchte ich schon an dieser Stelle nennen:

Ein erster Grund liegt wohl darin, dass Erwachsene ihre Kindheit immer schon hinter sich haben, wenn sie anfangen, mit Kindern zu leben oder zu arbeiten. Sie stehen an einem anderen Punkt in ihrer eigenen religiösen Entwicklung, und dazu gehört in aller Regel, dass sie ihren Kinderglauben hinter sich lassen wollen. Wie wir aus entsprechenden psychologischen Untersuchungen wissen, wird dieser Kinderglaube dabei aber nur teilweise durch einen anderen Glauben ersetzt, der den Bedürfnissen von Jugendlichen oder Erwachsenen entspräche. Stattdessen bleibt es bei der oft spannungsvollen Distanzierung vom Kinderglauben – und genau dies macht es so schwer, sich im Umgang mit Kindern auf deren kindliche Glaubensweisen einzulassen.

Ein zweiter Grund liegt darin, dass viele Erwachsene ganz andere – nämlich schlechte – Erfahrungen mit religiöser Erziehung gemacht haben. Ihnen wurden nicht Fenster gezeigt, die sich in ihrer eigenen Welt auftun – ihnen wurden Vorschriften gemacht und häufig auch ein schlechtes Gewissen. Gott wurde ihnen vorgestellt als der, der alles sieht und der alles bestraft, nicht aber als der, der die Menschen liebt und der ihr Vertrauen nicht enttäuscht, der sie zum Fragen ermutigt.

Den dritten Grund, religiöse Kinderfragen eher zu vermeiden, sehe ich in der Unsicherheit, die von solchen Fragen ausgelöst wird. Wie sollen wir antworten, wenn Kinder uns erzählen, die Toten seien bei Gott im Himmel? Sollen wir Kinder darin bestärken, oder sollen wir sie eines »Besseren« belehren? Sollen wir die kindlichen Weltbilder unterstützen, oder sollen wir die Kinder, sobald als nur möglich, zu einem naturwissenschaftlichen Weltbild erziehen?

Auf die letzte Frage – nach dem Umgang mit kindlichen Vorstellungen und Weltbildern – möchte ich noch etwas genauer eingehen. Es geht hier um eine Grundfrage aller religiösen Erziehung. Eine einfache, einlinige Antwort kann darauf nicht gegeben werden. Meines Erachtens kommt es immer darauf an zu fragen, welche Bedeutung kindliche Vorstellungen und kindliche Weltbilder für die Kinder selbst besitzen.

Wenn wir noch einmal an das oben wiedergegebene, von C. Erricker berichtete Gespräch mit dem neunjährigen Mädchen zurückdenken, so wäre es natürlich völlig falsch, dem Kind die Vorstellung von der Großmutter, die im Himmel lebt, einfach wegzunehmen. Eine Korrektur, wie wir sie oben erwogen haben, könnte sich lediglich darauf beziehen, dass die Großmutter eine direkte Verbindung mit dem Kind aufnehmen kann. Ähnliches gilt auch sonst für die Vorstellung von den Toten bei Gott im Himmel. Das Kind ist manchmal ganz einfach auf solche Vorstellungen angewiesen, etwa wenn es den Verlust eines Freundes oder eines nahen Verwandten verarbeiten muss. In dieser Situation würde es dem Kind nicht helfen, nur in den Grenzen eines naturwissenschaftlichen Weltbildes denken zu dürfen – darin fände es keinen Trost und auch keinen Grund für neue Lebenszuversicht. Auch eine Korrektur im Sinne des biblischen Verständnisses, demzufolge die Toten nicht im Himmel sind, sondern das die Auferstehung am Ende aller Zeit erwartet, ginge am Kind vorbei, weil es mit dieser Vorstellung überfordert würde.

So ist nur im Einzelfall und unter sorgfältiger Berücksichtigung der kindlichen Möglichkeiten zu entscheiden, wann wir die Kinder mit ihren selbst gefundenen oder übernommenen Vorstellungen unterstützen und wann wir solchen Vorstellungen kritisch begegnen sollten. Gott, der im Himmel wohnt, kann für das Kind eine förderliche oder sogar notwendige Vorstellung sein. Umgekehrt wird dieser Gott zu einer bedrohlichen Instanz, wenn er die Welt und die Kinder von dort aus strafend überwacht. Die Voraussetzung dafür zu erkennen, welche Vorstellungen für Kinder förderlich und welche bedrohlich sind, besteht darin, dass wir uns auf ihre Fragen einlassen und dass wir gemeinsam mit den Kindern diesen Fragen nachgehen.

In einem solchen Mitgehen oder Begleiten der Kinder liegt aber auch eine wichtige Chance für uns Erwachsene. Religiöse Kinderfragen haben es an sich, dass sie auch von Erwachsenen nicht einfach beantwortet werden können. Letztlich gilt auch für uns Erwachsene, dass die Welt hier Fenster besitzt. Geboren werden und sterben, die Unermesslichkeit des Himmels und des Kosmos, die Schönheit der Natur – das sind auch für uns Erwachsene »durchgehauene Aussichten«, an denen wir vorüberkommen. Wenn wir uns diese Fenster von Kindern neu zeigen lassen, dann erwächst daraus auch für uns die Chance für ein bewussteres – für ein sinnvolleres und ein erfüllteres Leben. Noch mehr als die Kinder unterliegen ja wir selbst der Gefahr, dass unsere Alltagsgeschäfte den Blick auf die Grundfragen und Grunderfahrungen des Lebens gar nicht mehr freigeben. Religiöse Gespräche mit Kindern sind deshalb eine besondere Chance für die Erwachsenen.

Das gilt auch noch in einer weiteren Hinsicht – im Blick auf Religion in unserer eigenen Lebensgeschichte. Der Abschied vom Kinderglauben und die kritische Auseinandersetzung mit der religiösen Erziehung, die wir selbst als Kinder erfahren haben, vollziehen sich oftmals schon früh im Jugendalter. Danach aber bricht die religiöse Lebenslinie häufig ab. Die religiöse Entwicklung kommt zu einem Stillstand, ohne dass die entsprechenden Fragen und Probleme aus der Perspektive eines erwachsenen Menschen bearbeitet worden wären. Die Begegnung mit Kindern, sei es als Eltern oder als Erzieherinnen und Erzieher, stellt dann die erste Chance für eine Wiederbegegnung mit der eigenen, auf Religion bezogenen Lebensgeschichte dar. Diese Chance können wir nutzen, um selbst weiterzukommen, um selbst ein Stück zu wachsen. Diese Chance können wir aber auch ungenutzt vorüberziehen lassen, zum Beispiel, wenn wir den Kinderfragen nicht standhalten, sondern uns schleunigst auf und davon machen, indem wir das Thema wechseln.

Damit sind wir auch an dem Punkt angelangt, an dem deutlich ist, was es heißt, religiöse Orientierung von Kindern zu lernen. Gemeint ist damit zunächst natürlich eine Abgrenzung von der Vorstellung, wir Erwachsenen könnten oder sollten den Kindern eine religiöse Orientierung einfach vermitteln – gleichsam nach dem Modell des Nürnberger Trichters. Solche Allmachtsvorstellungen von Erwachsenen werden der Wirklichkeit des Kindes und der Erziehung nicht gerecht. Sie müssen heute ausgeschlossen sein. – Umgekehrt wäre es aber auch falsch, die entsprechenden Allmachtsvorstellungen nun auf die Kinder zu übertragen. Dies geschieht etwa dann, wenn erwartet wird, dass die Kinder eine religiöse Orientierung schon von selbst ausbilden werden, wenn man sie nur in Ruhe lässt – so, wie es etwa die berühmte schwedische Pädagogin Ellen Key in ihrem Buch »Das Jahrhundert des Kindes« (erschienen im Jahre 1900) gefordert hat.[11] Richtig ist zwar, wie wir gesehen haben, dass Kinder auch bei religiösen Fragen durchaus im Stande sind, selbst zu produktiven Lösungen zu gelangen. Insofern macht es Sinn, wenn wir – im dritten Teil des Buches – *Kinder ausdrücklich als Theologen* ansprechen und bezeichnen. Aber damit Kinder Orientierungen ausbilden können, brauchen sie doch Anregung und Begleitung durch Erwachsene.

Gemeint sein kann daher nur, dass wir uns von den Kindern herausfordern lassen, selbst wieder einmal durch die Fenster in die Welt zu sehen, an der wir sonst so oft achtlos vorübergehen. Und wenn wir dies gemeinsam mit den Kindern tun, dann kann es vielleicht auch gelingen, dass Kinder und Erwachsene gemeinsam an der Bildung neuer religiöser Orientierungen arbeiten, indem sie miteinander nach Antworten suchen.

2. Müssen Kinder brauchen? Vom Brauchen und vom Nichtbrauchen – oder: Wie wir Kinder wahrnehmen

»Brauchen Kinder Religion?« – so haben wir am Beginn dieses Abschnitts gefragt. Die Frage, was Kinder *brauchen*, ist heute in aller Munde. Sie erscheint uns ganz selbstverständlich. Aber wer Kindern wirklich gerecht werden will, muss tiefer schürfen. Schon die Frage nur nach dem, was Kinder »brauchen«, kann zu einer einseitigen Festlegung bloß auf das Nützliche führen. Ehe wir weiter nach den Geheimnissen in der Kinderwelt fragen, müssen wir uns deshalb über unsere eigene Wahrnehmung des Kindes und seiner Bedürfnisse klar werden.

Den Anstoß für die Frage, was Kinder »brauchen«, haben in vieler Hinsicht die Bücher des deutsch-amerikanischen Kinderpsychologen Bruno Bettelheim gegeben, die in Deutschland unter entsprechenden Titeln veröffentlicht wurden: »Kinder brauchen Märchen« – »Kinder brauchen Bücher«, wobei beide Bücher im englischen Original noch anders hießen.[12] Seither fragen auch viele andere so und formulieren ähnlich: »Kinder brauchen Liebe«, »Kinder brauchen Grenzen« und »Kinder brauchen Lehrer und Lehrerinnen« ist da zu finden, oder, schon besser: »Kinder brauchen lernende Lehrer und Lehrerinnen«, oder, noch genauer: »Kinder brauchen Ruhe – und LehrerInnen auch«.

Vor einigen Jahren hat das Deutsche Jugendinstitut eine groß angelegte Zusammenschau über Kinder und das »Aufwachsen in Deutschland« veröffentlicht. Auch in diesem Band steht die Frage nach dem, was Kinder *brauchen*, mit an vorderster Stelle. Sie wird als eine Grundfrage aller Erziehung angesehen. So ist auch schon das 1979 veröffentlichte Buch von Mia Kellmer Pringle mit dem Titel: »Was Kinder brauchen« zu verstehen.[13]

Wer heute noch die Aufzählung dessen, was Kinder brauchen, verlängern will, steht offenbar in der Gefahr, in einem modischen Trend mitzuschwimmen und mitschuldig zu werden an einer Inflation des Brauchens. Unsere erste Frage kann deshalb nicht sein: Brauchen Kinder Religion, sondern sie muss heißen: *Müssen Kinder eigentlich brauchen?* Müssen sie brauchen – oder dürfen sie auch *nicht* brauchen?

Wie brauchbar also ist die Rede davon, was Kinder brauchen? Ist sie so tragfähig, wie ihre Verbreitung es inzwischen erscheinen lässt? Ist sie Ausdruck einer menschlicher gewordenen Haltung, die das Kind ernst nimmt? Oder ist sie die Folge eines Denkens, das sich auch in der Erziehung nur am handfest Brauchbaren ausrichten will? Wir müssen prüfen, ob hier den Kindern tatsächlich neue Spiel- und Lebensräume eröffnet oder ob die Kinder umgekehrt auf das beschränkt werden, was andere für nützlich halten. Denn was geschähe dann mit dem, was gerade deshalb so wichtig ist, weil niemand es »braucht« – mit dem Absichtslosen, dem Schönen, dem Spielerischen? Und ist es nicht genau dies, was die Kinder auch immer wieder selber wollen?

Ob es inzwischen notwendig ist, *das Unbrauchbare zu verteidigen*, lässt sich besser abschätzen, wenn noch eine zweite Frage aufgenommen wird: *Was* ist es eigentlich, von dem die Erwachsenen sagen, dass Kinder es bräuchten, und was ist es *nicht*? Nach Meinung der vom Deutschen Jugendinstitut in dem genannten Buch versammelten Pädagoginnen und Pädagogen brauchen Kinder vieles: Menschen, Sachen, Räume und Zeiten. *Religion* brauchen sie offenbar nicht. Probleme von Hoffnung und Lebenssinn werden in dieser Darstellung nicht erörtert. Von Kirche ist zwar kurz die Rede, aber nur in den neuen Bundesländern. Stattdessen gibt es Kindersport und Kinderkino, Kindermuseum und Kindermusik, natürlich Kinderfernsehen und Kindercomputer, sogar Kinderbücher und Kinderbuchautoren – nichts ist anscheinend vergessen worden. Die religiöse Entwicklung aber kommt nirgends in den Blick. Und ebenso wenig ist davon die Rede, dass Kinder heute im Elternhaus mit religiösen Fragen vielfach allein gelassen werden – nicht auf Grund eines überhaupt fehlenden Interesses an Religion, sondern weil Religion für viele Eltern offenbar eine Privatsache ist, sodass über religiöse Fragen im Elternhaus nicht oder nur selten gesprochen wird.

Warum wird die Frage, ob Kinder Religion brauchen, nicht gestellt? Dies lässt sich wohl vor allem mit der veränderten Situation der Kirchen erklären: Die Kirchen sind heute keineswegs mehr die einzige Instanz, denen in der Bevölkerung eine entscheidende Bedeutung für den persönlichen Glauben zugemessen wird. Wir leben in einer Situation der religiösen Vielfalt – die deutsche Verfassung gibt jedem die Freiheit, an etwas zu glauben oder eben auch nicht. In dieser Situation will sich die Pädagogik offenbar nicht mehr an eine bestimmte religiöse Richtung anlehnen oder gar binden, so wie dies in der Vergangenheit für die deutsche Pädagogik bezeichnend war. Dies ist verständlich, bringt aber auch besondere Schwierigkeiten mit sich. Es kann leicht dazu führen, dass sich die Pädagogik bei der Frage nach dem Kind darauf beschränkt, was gesellschaftlich akzeptabel ist. Die Frage, was Kinder brauchen, tangiert aber das Menschenbild. Sie berührt das Problem, was zum Menschsein unbedingt dazugehört. Solange nicht geklärt ist, wer das Kind ist und wie es zu verstehen sei, kann auch nicht wirklich gesagt werden, was es braucht. Leider wird diese Frage des Menschenbilds kaum beachtet – mit der Konsequenz, dass das Verständnis leicht oberflächlich wird, wie etwa bei der erwähnten Darstellung von Kellmer Pringle, die zwar sagt, Kinder sollten »alle ihre Möglichkeiten entfalten« können, sich dann aber doch – und ohne weitere Begründung – auf »Gesundheit und Soziales« beschränkt.[14]

Leider sind Gesundheit und soziale Absicherung auch für Kinder bis heute keineswegs gewährleistet. Aber soll das, was Kinder in diesem elementaren Sinne brauchen, deshalb auch alles sein? Wenn diese Frage nicht mehr gestellt wird, dann wird es Zeit, *für das Unbrauchbare zu plädieren.* Die Begrenzung auf das Brauchbare als das vielleicht noch Konsensfähige in der Gesellschaft ist allein keine zureichende Antwort für das Aufwachsen von Kindern. An dieser Stelle gewinnt die Frage, ob Kinder Religion brauchen, einen kritischen Sinn. Sie kann deutlich machen, dass es noch andere Horizonte des Denkens, Fragens, Fühlens und Suchens gibt als diejenigen, die in den Sozialwissenschaften gewöhnlich traktiert werden.

Bei B. Bettelheim, dem freiwillig-unfreiwilligen Vater des »Brauchens« der Kinder – wird freilich noch eine ganz andere Position vertreten. Sein Buch »Kinder brauchen Märchen« ist beinahe ein Buch darüber, warum Kinder Religion brauchen. Schon die ersten Sätze des Buches machen das ganz deutlich[15]:

»Wenn wir nicht einfach in den Tag hinein leben, sondern uns unserer Existenz bewußt sein wollen, ist es unsere größte und zugleich schwerste Aufgabe, in unserem Leben einen Sinn zu finden«. Deshalb sei es auch »die wichtigste und schwierigste Aufgabe der Erziehung«, »dem Kind dabei zu helfen, einen Sinn im Leben zu finden«.

Gewiss ein Argument, über »Gesundheit und Soziales« hinaus auch die Sinnfragen von Kindern zu bedenken. Der Fortgang bei Bettelheim ist dann freilich erstaunlich. Denn er ist der Meinung, dass es die Volksmärchen seien, die sich am besten für eine solche Erziehung eignen. Begründet wird dies folgendermaßen: Die Märchen geben dem Kind »in Symbolform gekleidete Anregungen«, wie es mit »grundlegenden menschlichen Nöten« und mit »existentiellen« Fragen z.B. von Gut und Böse umgehen kann. Bettelheim weiß, dass dabei auch »religiöse Motive« eine Rolle spielen, und er hat wohl vorausgesehen, dass seine Auffassungen religionspädagogisch ausgedeutet werden könnten. Um dies zu verhindern, fügt er hinzu, dass Religion gerade nicht dasselbe leisten könne wie das Märchen: Die Religion gebe dem Kind nur eine »Belehrung über richtige Verhaltensweisen« – das Märchen aber lasse es »zu *eigenen* Lösungen kommen«. Später wird dies dann so erläutert, dass die Bibel zwar sage, »wie ein gutes Leben zu führen sei«, dass sie aber »keine Lösung« zeige »für die Probleme, die sich aus den Schattenseiten unserer Persönlichkeit ergeben«. Hier kenne die Bibel »nur einen Ratschlag«: »Unterdrückung dieser Strebungen«.

Es ist deutlich, wie nahe hier der Psychologe unserer Auffassung kommt, dass Kinder Religion brauchen. Was Bettelheim von dieser Antwort am Ende abhält, ist eine Wahrnehmung von Religion als moralistisch und dogmatisch – ein selbst vorurteilsbehaftetes Bild von Religion also, das heute sonst in der Beziehung zwischen Theologie und Psychologie zu Recht keine entscheidende Rolle mehr spielt.

Fassen wir noch einmal zusammen: Die heute so gerne gestellt Frage, was Kinder brauchen, steht noch nicht automatisch für eine verstärkte Berücksichtigung des Kindeswohls und der weiterreichenden Interessen des Kindes. Stattdessen unterstützt diese Art des Fragens auch eine vordergründige Sicht des Kindes nur im Sinne von »Gesundheit und Soziales« – insbesondere dann, wenn die Frage nach dem, was Kinder brauchen, nicht *kritisch* gegen gesellschaftliche Vorurteile und gegen den verbreiteten Hang zum Nützlichkeitsdenken gewendet wird. Zum Kindsein gehört gerade auch für die Kinder selbst nicht nur das Nützliche, sondern auch all das, was Kinder fasziniert, was sie staunen lässt und was sie fragen macht – zum Beispiel das Geheime und Geheimnisvolle, von dem wir im ersten Kapitel gesprochen haben. Deshalb wenden wir uns jetzt den »großen Fragen« der Kinder zu.

3. Fünf große Fragen im Aufwachsen der Kinder

Bislang haben wir die Frage, ob Kinder Religion brauchen, aufgenommen, indem wir kritisch zurückfragten, ob Kinder eigentlich brauchen müssen. Gegen ein vordergründiges Nützlichkeitsdenken haben wir für das Nicht-Brauchbare, das Spielerische und das Schöne plädiert – und eben auch für das, was den Kindern als Geheimnis begegnet und was sie fasziniert. Der Hinweis, dass es in der Welt der Kinder – und der Erwachsenen – Fenster gibt, durch die man gleichsam aus der Welt hinausschauen kann, mag manchem vielleicht allzu rätselhaft klingen. Wörtlich zu nehmen ist dieser Hinweis ja tatsächlich nicht: »Aus der Welt hinausschauen« – das können unsere Augen nicht. Was damit gemeint ist, bleibt dennoch sinnvoll und wichtig. Und es lässt sich auch noch einmal anders sagen.

In diesem Kapitel gehen wir aus von den großen Fragen, die im Aufwachsen der Kinder aufbrechen. Das sind Fragen, die entweder die Kinder an uns richten oder mit denen wir uns selbst bei der Erziehung konfrontiert sehen. Und es sind »große Fragen«, weil sie zumindest potentiell nach einer religiösen Antwort verlangen.

Die ersten drei Fragen schließen direkt an das über »Fenster in der Kinderwelt« Gesagte an, die vierte und die fünfte Frage führen darüber noch einmal hinaus. An allen Fragen kann deutlich werden, in welchem Sinne es hier um ein *Recht des Kindes* geht.

Von den Fragen des Kindes zum Recht des Kindes – eine notwendige Vorüberlegung

Wenn wir zeigen wollen, dass die bislang als »Fenster in der Welt« bezeichneten Fragen ein Recht des Kindes begründen können, dann müssen wir unsere Argumente jetzt etwas anders zuspitzen. Wir dürfen uns nicht damit begnügen, einfach Beispiele zu berichten und die in ihnen enthaltenen Fragen herauszuarbeiten. Daraus lassen sich noch keine Rechte des Kindes ableiten. Wir müssen vielmehr für jede der fünf im Folgenden genannten Fragen prüfen,

– ob die Frage tatsächlich zum Aufwachsen des Kindes selbst gehört, d.h. also nicht bloß von außen an das Kind herangetragen und besonders nicht durch Theologie oder Kirche erst künstlich erzeugt wird;
– ob und in welchem Sinne die Frage nach einer religiösen Antwort verlangt, d.h. warum sie nicht auch anders, ohne Bezug zu Religion, zufrieden stellend beantwortet werden könnte;
– und schließlich, gleichsam als Gegenprobe für die praktische Bedeutung des von uns behaupteten Rechts des Kindes auf Religion: was geschieht, wenn diese Frage stillschweigend übergangen wird.

Wer bin ich und wer darf ich sein? Die Frage nach mir selbst

In den Humanwissenschaften und in der Pädagogik wird heute der Selbstwerdung des Kindes ein hoher Stellenwert eingeräumt. Gerd E. Schäfer beispielsweise nennt bei den von ihm beschriebenen »Bildungsprozessen im Kindesalter« die »Selbstbildung« gleich an vorderster Stelle. In der Nachfolge des Psychoanalytikers Erik H. Erikson wird hier von der »Identitätsbildung« als einer zentralen Entwicklungsaufgabe im Kindes- und Jugendalter gesprochen.[16]

In heutiger Sicht ist dabei beides wichtig: die eigene Aktivität des Kindes und die unterstützende Anerkennung des Kindes durch andere. Wir haben uns schon im ersten Kapitel deutlich gemacht, dass die Selbstwerdung des Kindes eine Frage des Vertrauens ist und damit auch eine Frage der Verlässlichkeit oder Vertrauenswürdigkeit der Menschen und der Welt, in der das Kind aufwächst. Auch wenn das Kind nicht ausdrücklich fragt »Wer bin ich?«, so geben ihm seine Bezugspersonen und seine ganze Umwelt doch eine Antwort auf diese nicht ausgesprochene Frage. Man kann auch sagen: Für das Kind *sind* sie ganz unvermeidlich diese Antwort, so wie das Kind schon allein durch sein bloßes Dasein die Frage zu dieser Antwort *ist*.

Das einander Frage und Antwort Sein von Kindern und Erwachsenen ist dabei immer auch eine Frage des Wollens, Sollens und Dürfens. Nicht alles, was das Kind sein will, wird ihm von den Erwachsenen auch zugestanden. Trotzperioden und Wutanfälle sind nur die am deutlichsten sichtbaren Zeichen dafür, dass es hier auch um Macht geht – nicht nur darum, *wer ich bin*, sondern eben auch darum, *wer ich sein darf*.

Es kommt wohl selten vor dem Jugendalter dazu, dass Kinder sich auch bewusst in dieser Weise über die Fragen klar werden, die wir hier stellen. Aber auf kindliche Art und Weise geht es doch auch für sie bereits um ihr Selbst und um ihre Selbstbildung.

So weit darf unsere Sicht wohl weithin auf große Zustimmung hoffen. Die Bildung des Selbst in der Spannung zwischen Wollen und Dürfen gehört zum Aufwachsen des Kindes hinzu. Was aber hat das mit *Religion* zu tun?

Auf den ersten Blick geht es bei der Anerkennung des kindlichen Ich oder Selbst um eine rein zwischenmenschliche Angelegenheit. Andere

Menschen geben dem Kind die Anerkennung, die es braucht, um darin eine Antwort auf die Frage nach sich selbst zu finden. Für das alltägliche Leben ist dies auch durchaus zureichend. Aber erschöpft sich dieses kindliche Ich wirklich darin, dass es von den Erwachsenen bestätigt wird? Ist das Selbst der kleinen Menschen einfach das Produkt von Eltern und Erzieherinnen?

Der bereits genannte Psychoanalytiker Erikson weist hier darauf hin, dass die Erfahrung des menschlichen Ich oder die Bildung von Identität eine Tiefendimension einschließt, die weit über alle zwischenmenschlichen Erfahrungen hinausgeht. Da die deutsche Übersetzung seines Buches leider gerade an dieser Stelle sehr undeutlich ist, geben wir seine Aussage hier in eigener Übersetzung wieder[17]: Das Wort »Ich« bedeute die »sprachliche Versicherung, derzufolge ich fühle, dass ich das Zentrum des Bewusstseins bin in einem Universum der Erfahrung, in dem ich eine kohärente Identität habe«. Diese Erfahrung sei so subjektiv, dass sie sich »nicht quantifizieren« lasse. Und noch weiter gehend heißt es dann: »Der Gegenspieler des ›Ich‹ kann daher, streng genommen, nur die Gottheit« sein. Nur eine Gottheit könne einem sterblichen Menschen dieses Gefühl geben – oder, wie ich es formulieren möchte: nur ein größeres Ich, ein unbedingtes transzendentes Gegenüber kann dem Kind diejenige Anerkennung schenken, durch die sein Ich zu einem freien Gegenüber aller Menschen werden soll.

Gerade eine am autonomen freien Selbst des Kindes interessierte Erziehung muss nach dem Grund der Autonomie fragen. Und genau an diesem Punkt greifen alle bloß sozialen Betrachtungsweisen der kindlichen Selbstwerdung zu kurz. Sie stehen in der Gefahr, das Kind und den Menschen überhaupt zu einem bloßen Produkt seiner Umwelt zu machen. Dann aber lässt sich kaum mehr einleuchtend sagen, wie und wodurch der Mensch überhaupt Freiheit oder Autonomie gewinnen können soll. Wo die Frage nach einem größeren Gegenüber des Menschen einfach übergangen wird, hat dies demnach seinen Preis. Folge ist die Gefahr einer Überanpassung des Kindes an seine Umwelt, die ihm dann als letzte Instanz der Beurteilung vor Augen gestellt wird. Zugespitzt und provozierend formuliert: Wo die Eltern keine Instanz anerkennen, die über ihnen steht und vor der sie sich selbst verantworten müssen, wird die Erziehung unfrei.

Dies sollte nicht so verstanden werden, als könnte an diesem Punkt einfach ein schlichtes Entweder-Oder behauptet werden. Denn natürlich kann auch eine – falsch verstandene – religiöse Erziehung höchst unfrei machen (wovon in Teil 2 des Buches zu handeln sein wird). Insofern gewährleistet der Glaube von Erwachsenen nicht automatisch die Freiheit der Erziehung. Darüber hinaus gibt es auch nicht-religiöse Formen einer über die Eltern und Erzieher hinausreichenden Autorität. Gleichwohl kann behauptet werden, dass ein angemessener Transzendenzbezug zumindest eine wesentliche Voraussetzung für eine Selbstwerdung in Freiheit darstellt oder zumindest darstellen kann.

Angesichts der großen Bedeutung, die heute zu Recht der Selbstwerdung des Kindes beigemessen wird, nehmen wir diese Frage im nächsten Kapitel noch einmal eigens auf. Zuvor aber soll es um die weiteren – potentiell religiösen – Fragen gehen, die im Aufwachsen des Kindes aufbrechen.

Warum musst du sterben? Die Frage nach dem Sinn des Ganzen

Wir haben uns bereits deutlich gemacht, dass die Frage nach Tod und Sterben zu den Fragen gehört, die allen Kindern früher oder später einmal begegnen. Dies ist kaum zu bezweifeln und braucht deshalb hier nicht noch einmal begründet zu werden. Umstritten hingegen ist der *religiöse* Gehalt dieser Frage. Reicht es nicht völlig aus, die Kinder über die Natürlichkeit des Todes aufzuklären? Die Antwort auf ihre Fragen hieße dann schlicht: Alle Menschen müssen eben einmal sterben – das ist halt so!

In dieser scheinbar so harmlosen und ehrlichen Antwort liegt freilich oft ein ganzes Weltbild. Wenn dies alles sein soll, was sich über Tod und Sterben sagen lässt, dann kommt darin eine resignative, dem Tod schicksalhaft ergebene Lebenshaltung zum Ausdruck. Dieses »das ist halt so!« kann für das Kind ja nichts anderes heißen, als dass es bei bestimmten Dingen und Erfahrungen keinen Raum gebe für Sehnsüchte oder Hoffnungen, für Zorn oder Trauer, für Enttäuschung und Widerstand. Und wenn dies für den Tod gelten soll – wofür muss es dann auch noch gelten? Ist die Welt am Ende überhaupt »halt so« – ohne Hoffnung?

Wie steht es mit dem Tod? Was bedeutet der Tod für unser Leben? – Wie auch immer wir diese Frage beantworten, und selbst wenn wir sie nicht beantworten und beiseite schieben, ganz unvermeidlich geben wir damit zu erkennen, wo für uns der Sinn dieses Lebens liegt. Insofern geht es hier nicht einfach um eine begrenzte Einzelfrage, sondern es geht um den Sinn des Ganzen!

Der Umgang mit dem Tod entscheidet mit darüber, wie wir leben – vielleicht sogar, ob wir überhaupt leben. Bei Janusz Korczak, dem polnisch-jüdischen Pädagogen, findet sich ein Satz, der mir von Anfang an ein Rätsel war und der mich doch nicht mehr loslässt, seit ich ihn zum ersten Mal gelesen habe[18]: Eines der drei unbezweifelbaren »Grundrechte« des Kindes sei das »Recht des Kindes auf seinen Tod«. Das »Recht auf den Tod« – was ist damit gemeint? Korczak erläutert es nur andeutungsweise und eher poetisch: »Aus Furcht, der Tod könnte uns das Kind entreißen, entziehen wir es dem Leben; um seinen Tod zu verhindern, lassen wir es nicht leben«. Tod und Leben des Kindes gehören demnach zusammen – das ist wohl noch immer so. Und vielleicht wäre das »Recht des Kindes auf seinen Tod« heute so zu verstehen, dass ein Kind nur wirklich leben kann, wenn die Erwachsenen auch seine Wahrnehmung des Todes und seine Erfahrungen mit Tod und Sterben mit begleiten.

Diese Auffassung wird heute auch in der Psychologie von vielen geteilt, selbst wenn sie dabei nicht an Religion oder Kirche denken. Das nordrhein-westfälische Ministerium für Arbeit, Gesundheit und Soziales beispielsweise hat eine »Handreichung für Eltern« vorgelegt mit dem Titel »Tod und Trauer im Umgang mit Kindern«.[19] Natürlich kann diese Schrift kein religiöses Interesse verfolgen – ein staatliches Ministerium ist zu religiöser Neutralität verpflichtet. Gleichwohl wird dort deutlich erkannt, dass Kinder auch »Sinnfragen« stellen, »die sie auf das beziehen, was denn nach dem Tod mit dem nicht mehr da seienden ›Leben‹ geworden sei«. Zu Recht wird auch darauf hingewiesen, dass solche Fragen für Eltern »dann besonders schwierig sein« können, »wenn ihnen selber ein solches weltanschaulich-religiöses Interesse ›rätselhaft‹ ist«. Die staatliche Handreichung kann an dieser Stelle freilich wenig Trost bieten. Zu Recht werden Eltern dazu ermutigt, die Kinder so gut als möglich zu begleiten. Am Ende bleibt es aber doch bei der enttäuschenden »Weisheit«: »Tod, Sterben und Trauer ist Teil des Lebens«. Was Eltern oder Erzieherinnen dazu befähigen soll, Tod und Sterben so in ihr Leben aufzunehmen – eine Antwort darauf bleibt diese Handreichung schuldig.

Nicht-religiöse Antworten auf die Frage nach Tod und Sterben sind sicher möglich – das ist auch an dieser Stelle zuzugestehen. Ob sie dem Kind – und den Eltern in der Situation eigener Betroffenheit – wirklich weiterhelfen, bleibt aber eine offene Frage. Mit Sicherheit lässt sich sagen, dass die Antworten der Religionen hier eine wichtige Hilfe sein können und dass sie den Fragen des Kindes weit näher kommen, als dies beispielsweise für naturwissenschaftliche Erklärungen behauptet werden kann.

An dieser Stelle ist auch von Erfahrungen zu lernen, die aus der Begleitung lebensbedrohlich erkrankter Kinder verfügbar gemacht worden sind. Zunächst der Bericht des 12-jährigen Ingo:

»Auf der Station H war das also alles ein bißchen anders. Ich bekam eigentlich relativ schnell das Gefühl, am richtigen Platz zu sein, und mir wurde klar, daß der Satz: ›Man wird dir hier immer die Wahrheit sagen‹, den ich am Anfang gehört hatte, so wirklich stimmte. Und ich muß sagen, daß es wirklich ungemein hilft, wenn man weiß, was los ist. Wenn ich nicht gewußt hätte, was da mit meinem komischen Organismus plötzlich nicht mehr stimmt, daß ich an dieser dummen Krankheit sogar sterben kann, wäre ich spätestens nach der zweiten Lumbalpunktion vollständig ausgeflippt, denn ich hatte so schon genug damit zu kämpfen, die Therapie zu ertragen. Es ist wirklich schrecklich lieb gemeint, wenn besorgte Eltern denken, daß das kranke Kind nicht mit Gedanken an seinen möglichen Tod noch ›unnötig‹ belastet werden soll und man ihm nicht die Hoffnung nehmen soll. Aber durch ein solches Verhalten gelingt es höchstens, das Kind kurzfristig in Sicherheit zu wiegen. Auch wenn es die Eltern viel Überwindung kostet, zugeben zu müssen, daß ihr Kind sich in einer lebensgefährlichen Situation befindet, ... so bin ich doch davon überzeugt, daß es die einzige Möglichkeit ist, dem Kind immer die Wahrheit zu sagen. Eine Hoffnung, die keine ist, hilft niemand weiter.«

Und aus der pädagogischen Arbeit mit Kindern im Krankenhaus wird dann berichtet:

»Eine Reise zum Anfang allen Seins
Jugendliche in einer solch existentiellen Situation zeigen zumeist großes Interesse daran, die Evolutionsgeschichte zurück bis zu ihren Anfängen zu verfolgen. Es kann geradezu spannend sein, dabei an die Grenze aller Wissenschaft, allen menschlichen Denkens über das letzte Woher und Wohin des Menschen und des Weltalls zu gelangen – und diese Grenze mit eigenen Phantasien, persönlichen Antworten oder auch neuen Fragen zu füllen.«[20]

Wo finde ich Schutz und Geborgenheit? Die Frage nach Gott

Das Wort »Gott« begegnet Kindern von den Erwachsenen her. Anders als die Frage nach mir selbst oder nach dem Sinn des Ganzen kann sie deshalb auf die religiöse Erziehung, auf Theologie und Kirche zurückgeführt werden. So gesehen gehört diese Frage nicht mit gleicher Notwendigkeit zum Aufwachsen des Kindes mit hinzu.

Allerdings kann man darauf verweisen, dass Kinder jedenfalls in unserem Kulturkreis fast zwangsläufig auf das Wort Gott stoßen, selbst wenn sie nicht religiös erzogen werden. In Kunst und Architektur, in Musik und Literatur, in Geschichte und Politik – in allen diesen Bereichen ist immer wieder von Gott die Rede. Aber brauchen Kinder, wenn sie so auf das Wort Gott oder auf Darstellungen von Gott stoßen, auch eine religiöse Antwort? Reicht es nicht zu, ihnen das Gemeinte einfach geschichtlich zu erklären: »So haben sich die Menschen das eben damals vorgestellt«?

Hier wird eine zweite Überlegung wichtig, die vor allem in der neueren Psychoanalyse entwickelt worden ist. Besonders die amerikanische Psychoanalytikerin Ana-Maria Rizzuto[21] hat die Auffassung vertreten, dass Kinder schon in der frühesten Zeit ihres Lebens Erfahrungen machen, die eine religiöse Dimension besitzen und die als Anfänge des Gottesbildes angesehen werden können. Kinder erfahren ihre Eltern oder Bezugspersonen demnach als allmächtige Quellen von Zuwendung und Versorgung. Bei ihnen finden sie Wärme, Schutz und Geborgenheit. Solche Erfahrungen sind – und dies gibt ihnen ihre religiöse Dimension – mehr als das, was einfach von außen zu sehen ist: Es sind Erfahrungen der Unbedingtheit, die über sich selbst hinausweisen.

Mit solchen Beschreibungen befinden wir uns natürlich noch ganz im Bereich des vorsprachlichen Erlebens. Für das Kind sind alle diese Erfahrungen nicht in dem Sinne bewusst, dass es sie mit Worten oder Begriffen wie Gott verbinden könnte. Dennoch hinterlassen diese Erfahrungen offenbar Spuren im Leben des Kindes – etwa in Gestalt von Sehnsüchten und Hoffnungen, aber auch von Ängsten und Enttäuschungen. Bezeichnend für solche frühen Erfahrungen ist dabei insgesamt, dass es nicht nur um einzelne Gefühle oder gar um Stimmungen geht, die das Kind erfährt. Es geht vielmehr um Gefühle, die die gesamte Existenz des Kindes berühren.

Es ist leicht nachzuvollziehen, dass es dieser aus der frühen Kindheit stammende Erfahrungshintergrund ist, mit dessen Hilfe Kinder sich dann später beispielsweise biblische Geschichten von Gott oder Jesus aneignen. Wenn sie solche Geschichten aufnehmen, gewinnen sie zugleich eine Sprache für Erfahrungen, die sonst sprachlos bleiben. Ein solcher Sprachgewinn ist für die gesamte Persönlichkeitsentwicklung bedeutsam. Denn auf diese Weise werden die mit den frühkindlichen Erfahrungen verknüpften Sehnsüchte, Ängste usw. auch einer bewussten Gestaltung zugänglich. Sie können anderen Menschen mitgeteilt und gemeinsam mit ihnen bedacht werden.

Noch wenig ist darüber bekannt, was es für die Persönlichkeitsentwicklung von Kindern bedeutet, wenn sie in Erziehung und Umwelt *keine* religiöse Sprache angeboten bekommen. Verbinden sich die genannten Erfahrungen dann für sie mit anderen Gestalten etwa aus der Welt der kommerziellen Medien – angefangen bei den mythologischen Helden in Science-Fiction-Filmen bis hin zu den Gut-Böse-Figuren aus Plastik wie He-Man, Skeletor usw.? Oder bleiben solche Erfahrungen dann ganz im Sprachlos-Diffusen – als unkontrollierte Stimmung zwischen Weltschmerz und Euphorie? – Im nächsten Kapitel werden wir versuchen, etwas genauer zu beschreiben, welche Folgen das Fehlen eines religiösen Sprachangebots für die Selbstwerdung des Kindes nach sich ziehen kann.

Warum soll ich andere gerecht behandeln? Die Frage nach dem Grund ethischen Handelns

Anders als bei den bislang angesprochenen Fragen nach sich selbst, nach Tod und Sterben und nach Gott geht die Frage nach dem Grund ethischen Handelns deutlich darüber hinaus, was Kinder – wenigstens in der Regel – selber fragen. Dennoch ist diese Frage eng mit dem Aufwachsen der Kinder und ihrer Erziehung verbunden. Denn Kinder stellen uns Erwachsene vor diese Frage: Warum eigentlich erwarten wir von ihnen, dass sie andere nicht verletzen, dass sie sich fair verhalten und niemand benachteiligen, vielleicht sogar für Schwache eintreten usw.?

Wer Kindern zu erklären versucht, warum dies besser sei, stößt bald auf Grenzen. Vielleicht wird dem Kind dann gesagt: »Du willst doch schließlich auch nicht, dass andere dich so behandeln, oder!« Was aber, wenn die anderen es trotzdem tun? Dann sagen wir wohl: »Es geht doch allen besser, wenn jeder sich an die Regeln hält!« Ja, schön wäre das schon – was aber, wenn es eben nicht so ist? Was, wenn die anderen sich nicht an die Regeln halten? Wahrscheinlich brechen wir dann das Gespräch ab und bestehen eben darauf, dass das Kind sich so verhalten *muss*, auch wenn es nicht einsieht, was wir sagen. Aber wissen wir eigentlich selbst eine überzeugende Antwort auf die Frage, warum andere gerecht behandelt werden sollen? Warum sollen Kinder und auch wir selbst auf Macht verzichten?

Unsere Versuche, die Gründe für ethisches Handeln zu erklären, stoßen oft rasch an ihr Ende, besonders mit Kindern. Gewiss, es gibt heute in der Philosophie beachtliche Modelle dafür, wie eine argumentative Begründung von Ethik aussehen kann. Für Kinder sind solche philosophischen Modelle aber kaum geeignet, schon weil sie in aller Regel sehr abstrakt und also kaum mit der Anschauung verbunden sind. Vielfach wird dabei ja gerade *gegen* alle Anschauung argumentiert und wird die Bedeutung von Ethik *gegen* die Wirklichkeit (»kontrafaktisch«) begründet.[22]

Im Unterschied zu solchen theoretischen Begründungsmöglichkeiten von Ethik sind es im Leben mit Kindern eher die von den Erwachsenen um sie herum praktizierten Lebenseinstellungen und -haltungen oder Weltbilder, die ihnen eine ethische Einstellung nahe legen. Weil andere Menschen, Tiere oder auch die Dinge in bestimmter Weise wahrgenommen werden, sind sie auch rücksichtsvoll zu behandeln. Weil sie geachtet werden, soll ihnen auch achtsam begegnet werden usw.

Hier stoßen wir auf die gelebten Motive des ethischen Handelns, die für ethische Erziehung so wichtig sind: Lebenseinstellungen und Lebenshaltungen, Bilder und Deutungen der Welt. Religion mag nicht die einzige Quelle solcher Motive sein, aber es lässt sich kaum bezweifeln, dass wir es bei der Begründung von Moral und Gerechtigkeit mit potentiell religiösen Fragen zu tun haben und dass Religion in vieler Hinsicht zum Aufbau solcher Haltungen beigetragen hat und beiträgt.

Nicht verschwiegen werden darf allerdings auch, dass Religion gerade bei der Moralerziehung auch häufig missbraucht worden ist. In der Vergangenheit wurde – und wird manchmal sogar noch heute – die Vorstellung von Gott, der »alles sieht und der alles bestraft«, gezielt eingesetzt, um die Autorität der Eltern zu stützen und religiös zu überhöhen. Folge sind dann häufig genug neurotische Erkrankungen, die aus Strafängsten resultieren.

Solche Fehlformen, die bei der religiösen Erziehung unbedingt zu vermeiden sind, ändern freilich nichts daran, dass ethische Erziehung auf Lebenseinstellungen und Weltbildern aufruht, die ein Gesamtverständnis und eine umfassende Deutung des Lebens einschließen und die insofern religiös genannt werden können. Die zu vermeidenden Fehlformen geben vielmehr gerade Anlass dazu, sich bewusst mit der Frage auseinander zu setzen, *welche Lebensdeutungen uns als so tragfähig* erscheinen, dass wir sie den Kindern vermitteln können.

Warum glauben manche Kinder an Allah? Die Frage nach der Religion der anderen

Zum Aufwachsen in einer sog. multikulturellen oder multireligiösen Gesellschaft gehört unvermeidlich auch die Begegnung mit Kindern, die einer nicht-christlichen Religion angehören oder die konfessionslos und ohne Religionszugehörigkeit sind. Vielfach kommt es zu ersten Begegnungen schon im Kindergarten, in der Regel spätestens in der Grundschule. Auch die Medien tragen dazu bei, den Kindern oft eindrückliche Bilder vom religiösen Leben des Islam oder des Hinduismus vor Augen zu stellen, wobei es sich auch um verzerrte Darstellungen handeln kann. Solche Begegnungen müssen nicht bedeuten, dass die Kinder – wie manchmal aus der Praxis berichtet wird – über den »richtigen« oder den »besseren« Gott offen miteinander in Streit geraten, obwohl das noch immer vorkommt. Aber Fragen brechen hier für viele Kinder doch auf, und auch mit solchen Fragen sollten die Kinder nicht allein gelassen bleiben. Pädagogisch zu bedenken ist darüber hinaus, dass die Religion der anderen – die »fremde« Religion – häufig das Fremdeste am Fremden bleibt. Deshalb kann die fremde Religion auch besonders zum Gegenstand bleibender Vorurteile werden. Fremdenhass macht sich nicht nur an der Hautfarbe fest, sondern eben auch an Kultur und Religion.

Es mag zu weit greifen, wenn beispielsweise Hans Küng den Frieden zwischen den Religionen als Voraussetzung für den Weltfrieden sehen will.[23] Ohne Zweifel aber muss eine angemessene friedliche Wahrnehmung und Anerkennung zum Beispiel der muslimischen Kinder in

Deutschland auch deren Religion oder Glaubensüberzeugungen einschließen. Eine bloß inter*kulturelle* Erziehung greift deshalb zu kurz – sie muss durch eine inter*religiöse* Erziehung ergänzt werden.

Eine Begleitung der Kinder bei interreligiösen Begegnungen wird dann aber nicht nur die Einsicht in die religiösen Vorstellungen der anderen einschließen – sie wird auch auf die Fragen achten müssen, die dabei für das Kind selbst aufbrechen können. Wenn Kinder wissen wollen, warum manche Kinder an Allah glauben, so schließt dies auch die Frage nach dem Glauben der eigenen Familie ein: »Und was sind wir? Was glauben wir?«

Fassen wir die Ergebnisse dieses Kapitels noch einmal zusammen. Wir haben fünf »große« Kinder-Fragen betrachtet – Fragen, die Kinder uns stellen oder *vor* die sie uns stellen, ohne sie auszusprechen. In allen fünf Fällen ließ sich zeigen, dass solche Fragen zum Aufwachsen des Kindes selber gehören und dass sie zumindest potentiell nach einer religiösen Antwort verlangen. Darüber hinaus ist deutlich geworden, dass diese Fragen sich auch nicht einfach übergehen lassen – jedenfalls dann nicht, wenn es um das Kindeswohl und um eine verantwortliche Erziehung geht. Insofern kommt der Frage: »Brauchen Kinder Religion?« eine kritische Bedeutung zu. Sie erinnert daran, dass religiöse Erziehung nicht einfach ein Interesse bloß von Kirche oder Theologie darstellt, sondern eine wichtige Dimension aller Erziehung. Zugleich verweist diese Frage gleichsam über sich selber hinaus: Zum Aufwachsen gehört mehr und anderes als das, was Kinder etwa für den späteren beruflichen Erfolg brauchen.

4. Behindert religiöse Erziehung die Selbstwerdung des Kindes?

Wer vom Recht des Kindes auf Religion spricht, muss mit dem Einwand rechnen, dass es ein solches Recht doch schon deshalb gar nicht geben könne, weil religiöse Erziehung die Freiheit des Kindes einschränke und die kindliche Entwicklung beeinträchtige. Dies gelte besonders im Blick auf die Selbstwerdung des Kindes, die nach heutigem Verständnis als zentrale Entwicklungsaufgabe anzusehen ist. Angesichts solcher Einwände müssen wir das Verhältnis von Selbstwerdung und Religion noch einmal genauer betrachten.

In der Sprache der Kinderpsychologie verweist »Selbstwerdung« darauf, dass das Kind sich als eine eigenständige Person erfahren kann, die eigene Ziele hat und die sich handelnd für das Erreichen dieser Ziele einzusetzen vermag. Selbstwerdung bedeutet den Erwerb von Eigenständigkeit, von persönlicher Freiheit und Handlungsfähigkeit. Damit steht sie im Zentrum der gesunden psychischen Entwicklung überhaupt.[24] Immer wieder wird gesagt, dass Religion und religiöse Erziehung einer solchen Selbstwerdung des Kindes im Wege stehen. Es wird auf Belastungen verwiesen sowie auf Einschränkungen und Ängste, die aus der religiösen Erziehung erwachsen können und die man selber in der eigenen Kindheit vielleicht erfahren hat. Unsere erste Frage im Folgenden muss deshalb sein, ob die Selbstwerdung des Kindes durch religiöse Erziehung tatsächlich beeinträchtigt wird. Ein Plädoyer für religiöse Erziehung bliebe naiv und unglaubwürdig, wenn wir uns diesen Anfragen nicht stellen würden.

Ein *Recht* des Kindes auf Religion kann freilich erst behauptet werden, wenn darüber hinaus auch eine zweite Frage positiv beantwortet wird: Trägt religiöse Erziehung auch bei zur Selbstwerdung des Kindes? Wird die Ausbildung eines autonomen Selbst durch Religion unterstützt? Wenn heute religiöse Erziehung vielfach als verzichtbar oder bestenfalls als Privatangelegenheit mancher Eltern oder Erzieherinnen gilt, so setzt diese Auffassung voraus, dass Religion keinen wesentlichen Beitrag zur menschlichen Entwicklung leiste. Sonst könnte ja auf religiöse Erziehung gar nicht verzichtet werden, und es wäre auch nicht möglich, die religiöse Erziehung einfach dem persönlichen Belieben zu überlassen. So gesehen gibt die Klärung des Zusammenhangs von religiöser Erziehung und Selbstwerdung des Kindes auch weitere Auskunft darüber, ob Kinder religiöse Erziehung brauchen.

»Gottesvergiftung«, »religiöser Kaspar Hauser« und die »allmächtigen Herrscher« der Medienwelt

Die Angst, dass religiöse Erziehung zur »Gottesvergiftung« führen könne, ist weit verbreitet. Sie entstammt nicht nur dem bekannten gleichnamigen Buch des Psychoanalytikers Tilmann Moser, der diese Wendung geprägt hat.[25] Sie steht auch hinter den vielen Berichten Betroffener –

etwa von Fritz Zorn, Jutta Richter, Monika Schaefer oder Dagmar Scherf, die sich selbst dauerhaft durch religiöse Erziehung geschädigt sehen.[26] Religiöse Erziehung gilt als »Risiko«, dem Kinder nicht ohne weiteres ausgesetzt werden sollen.

Was genau ist mit dem Vorwurf einer »Gottesvergiftung« gemeint? In aller Regel geht es um eine unfreie Erziehung, die sich auf Gott beruft, um das Kind in subtiler Weise zu kontrollieren und zu manipulieren. Am bekanntesten ist die Vermittlung von Strafängsten (*Der liebe Gott sieht alles!*), durch die die Erwachsenen ihre Kontrollmöglichkeiten gegenüber dem Kind erweitern. Auch wenn die Eltern einmal nicht zur Stelle sind, soll sich das Kind doch nicht unbeobachtet fühlen. Manchmal werden darüber hinaus abgrundtiefe Minderwertigkeitsgefühle beklagt. Solche Gefühle stellen sich ein, wenn Kindern angeblich göttliche Erwartungen hinsichtlich ihres Verhaltens und ihrer Leistung vor Augen gestellt werden (*Wie willst du vor Gott bestehen, wenn du im Leben nichts erreichst?*). Und schließlich ist immer wieder von sexueller Verklemmung und neurotischer Gehemmtheit die Rede, die durch die religiöse Erziehung verursacht worden sei (*Ein gutes Kind tut das nicht!*).

Kein Zweifel: Wo religiöse Erziehung, wo Erziehung überhaupt solche Wirkungen zeitigt, da schädigt sie das Kind und behindert seine gesunde Entwicklung. Daran ist nichts zu beschönigen. Hier kann es nicht mehr um das *Recht* des Kindes auf Religion gehen, sondern nur noch um den *Schutz* des Kindes vor einer verfehlten (religiösen) Erziehung!

»Gottesvergiftung« steht symbolisch für eine religiöse Erziehung mit Gott als allmächtiger Überwachungs- und Beurteilungsinstanz, die von Erwachsenen mehr oder weniger bewusst eingesetzt wird. Inzwischen wird allerdings häufig die kritische Rückfrage gestellt, ob eine solche Erziehung heute in der Praxis überhaupt noch anzutreffen sei. Kommt es wirklich noch vor, dass Erwachsene so von Gott sprechen? Bis heute berichten allerdings Psychologinnen und Psychologen von entsprechenden Erfahrungen und Problemen, die sie bei Kindern und Erwachsenen beobachten.[27] Deshalb wäre es falsch, die Fortdauer des Risikos einer »Gottesvergiftung« einfach abstreiten zu wollen. Zugleich darf aber auch nicht übersehen werden, dass die genannten autobiografischen Berichte von T. Moser u.a. deutlich auf eine vergangene Zeit verweisen – es ist ja die Kindheit der heute Erwachsenen, nicht die der Kinder von heute.

Zudem hat sich die Erziehung insbesondere im Elternhaus in den letzten Jahrzehnten grundlegend gewandelt. Ein solcher Wandel wird gerade im Blick auf die Erwartung von Gehorsam konstatiert sowie hinsichtlich der Strafen, die Kinder bei Fehlverhalten zu befürchten haben. »Vom Befehlen und Gehorchen zum Verhandeln« – so lautet eine viel zitierte Beschreibung der Veränderungen im Erziehungsstil.[28] Ist dann aber die »Gottesvergiftung« noch das erste und wichtigste Problem, an das wir bei der religiösen Erziehung heute denken müssen? Ist nicht inzwischen die Gefahr einer religiösen Vernachlässigung – gleichsam eines religiösen »Kaspar Hauser«-Syndroms – ein ebenso großes oder sogar noch größeres Problem?

Wenn ich von einem *religiösen »Kaspar Hauser«-Syndrom* spreche, das inzwischen das Problem der »Gottesvergiftung« zumindest ein Stück weit abgelöst haben könnte, dann ist damit die Situation des mit seinen religiösen Fragen alleingelassenen Kindes gemeint. Das Schicksal des Kaspar Hauser, der ganz auf sich allein gestellt in der sozialen Isolation eines bis heute unbekannten Gefängnisses aufwachsen musste, steht so gesehen für die Erfahrung von Kindern, sich bei Fragen nach Leben und Tod oder nach Glaube und Gott nicht auf Anregung und Unterstützung von Mutter, Vater oder anderen Erwachsenen verlassen zu können. Was bedeutet diese Erfahrung für die religiöse Entwicklung des Kindes? Um diese Frage zu beantworten, müssen wir noch einmal auf die religiösen Erfahrungen in der frühen Kindheit zurückkommen.

Wie bereits im letzten Kapitel erwähnt, wissen wir aus der Psychologie, dass Kinder von früh an Erfahrungen machen, die als *religiöse Erfahrungen* bezeichnet werden können. Zunächst verfügen die Kinder natürlich noch nicht über eine Sprache, mit der sie solche Erfahrungen zum Ausdruck bringen oder zum Beispiel mit Gott verbinden könnten. Auf jeden Fall aber besitzt Religion eine lebensgeschichtliche Wurzel in solchen frühkindlichen Erfahrungen.[29] Vor allem die Erfahrung der Einheit mit der Mutter – der sog. Verschmelzung mit ihr – wird in diesem Sinne genannt. Daneben ist an die Wahrnehmung der Eltern als eines übergroßen und übermächtigen, ja sogar allmächtigen Gegenübers zu denken. Solche Wahrnehmungen und Erfahrungen verbinden sich mit elementaren Gefühlen der Geborgenheit, aber auch mit ebenso grundlegenden Ängsten vor dem Alleingelassenwerden. Sehnsucht nach einem größeren – bergenden und behütenden – Gegenüber ist so das bleibende Erbe frühkindlicher religiöser Erfahrung. Wenn das Kind nun älter wird, beginnt es, solche Erfahrungen und Sehnsüchte auch mit sprachlichen Begriffen zu verknüpfen sowie mit Geschichten, die ihm begegnen und die es selber weiter ausformt. Wenn dem Kind dann von Gott erzählt wird, »weiß« es in gewisser Weise schon, was dieses Wort bedeutet. Damit ist nicht gemeint, dass das Wort »Gott« im Kind bereits angelegt wäre – Kinder sprechen nicht von sich aus von Gott, wenn sie dieses Wort nicht irgendwo schon einmal gehört haben. Aber wenn ihnen von Gott erzählt wird, kann sich dieses Wort mit ihren bis in die früheste Kindheit zurückreichenden Erfahrungen verbinden. Es kann der frühkindlichen Erfahrung eine Sprache geben. Ein ganzer Bereich der kindlichen Entwicklung und des Menschseins wird erst auf diese Weise kommunizierbar – so nämlich, dass Erfahrung und Sprache zueinander finden und sich wechselseitig beeinflussen.

Was passiert nun, wenn dem Kind keine religiöse Erziehung angeboten, wenn keine Geschichten von Gott erzählt und wenn keine Gespräche über Gott ermöglicht werden? Die frühkindlichen Erfahrungen, die wir als religiös bezeichnet haben, werden auch dann gemacht, wenn keine religiöse Erziehung stattfindet. Es sind ja Erfahrungen, die nicht mit einer bestimmten Erziehung zusammenhängen, sondern mit dem Kindsein als solchem. Was ohne religiöse Erziehung anders ist, liegt im Bereich der Sprache. Denn ohne religiöse Erziehung finden solche Erfahrungen keine Sprache. Sie bleiben unbewusst oder jedenfalls der Kommunikation entzogen.

Bekannt ist freilich auch, wie sehr Kinder in Fantasie- und Medienwelten geradezu eintauchen können. Was die Medien für ein Aufwachsen ohne ausdrücklich religiöse Erziehung bedeuten, ist allerdings noch kaum untersucht. Es ist jedenfalls denkbar oder sogar wahrscheinlich, dass die in den Medien präsentierten Bilder und Vorstellungen beispielsweise vom Kampf der Guten gegen die Bösen dann eine ähnliche Funktion übernehmen wie in anderen Zeiten beispielsweise die Geschichten aus der Bibel. Auch sie würden dann den Kindern Bilder, Figuren und eine Sprache bieten, an die sich die religiösen Erfahrungen aus der frühen Kindheit heften können. Die sog. Phantasy-Spiele, in denen ganze Weltreiche oder kosmische Mächte miteinander ringen, oder auch entsprechende Spielsachen, die den Kindern in den Medien oder von anderen kommerziellen Produzenten angeboten werden, enthalten dafür zahlreiche Möglichkeiten: Verkörperungen des Guten und des abgründig Bösen, das die Welt zerstören will, usw. Auch wenn wir noch nicht genau wissen, welche Folgen es hat, wenn kindliche religiöse Erfahrungen mit Hilfe der in den Medien präsentierten Vorstellungen ausgedrückt werden, wird jedenfalls die pädagogische und psychologische Bedeutung der überlieferten religiösen Geschichten deutlich erkennbar: Es geht um das Bereitstellen einer Symbolsprache und einer Geschichtenwelt, die die religiöse Entwicklung und Selbstwerdung des Kindes unterstützen.

Leider hat die Psychologie sich bislang noch kaum mit der heute zunehmend wahrscheinlichen Situation des Ausbleibens einer ausdrücklich religiösen Erziehung und mit deren Folgen auseinander gesetzt, nicht einmal in der früheren DDR, wo diese Situation gewiss anzutreffen war. Deshalb wissen wir noch vergleichsweise wenig über die Probleme, die aus einer der Kommunikation entzogenen oder an Ersatzfiguren und -bilder gehefteten religiösen Vorstellungswelt erwachsen. Es steht aber zu erwarten, dass sich daraus bleibende Belastungen für die Selbstwerdung des Kindes ergeben können. Sehnsüchte ohne Ziel, Allmachtsgefühle und Ohnmachtserfahrungen ohne angemessene sprachliche Ausdrucksmöglichkeit, elementare Geborgenheitswünsche und diffuse Ängste vor Einsamkeit – all dies bezeichnet mögliche oder zumindest denkbare Folgen eines Ausfalls religiöser Erziehung, denen weiter nachzugehen wäre.

Angesichts des Wandels der religiösen Erziehung und der Veränderungen im Aufwachsen von Kindern allgemein reicht es jedenfalls nicht mehr aus, nur vor den Gefahren einer »Gottesvergiftung« zu warnen. Die gesunde Entwicklung des Kindes ist offenbar auch dann bedroht, wenn nicht *zu viel*, sondern wenn *zu wenig* religiös erzogen wird und wenn religiöse Erfahrungen sprachlos bleiben und nicht mehr mit anderen geteilt werden können. Neben die »*Gottesvergiftung*« stellen wir deshalb als Zweites die nicht weniger ernst zu nehmende Warnung vor einem *religiösen* »*Kaspar Hauser*«-Syndrom. Kaspar Hauser steht auch hier für das Kind, dem die elementare Unterstützung und Begleitung seines Aufwachsens vorenthalten bleibt. Er steht für das Kind, das nicht zur Sprache findet, weil andere nicht zu ihm und nicht mit ihm sprechen.

Schließlich ist es erforderlich, nach den Folgen der *Medien* auch für die religiöse Sozialisation zu fragen. Stellen Kinder sich Gott als technologiebewehrten Super-Helden vor? Wird Jesus zu einem zweiten Luke Skywalker, dem jungen (Film-)Erlöser des Universums? Oder, um auch diese Möglichkeit nicht unerwähnt zu lassen: Bleiben alle solche Medieneindrücke religiös folgenlos, eben weil schon Kinder deren Machart durchschauen?

Selbstwerdung durch Fantasie und Geschichten

In der sozialwissenschaftlichen Kinderforschung hat in den letzten Jahren und Jahrzehnten ein geradezu revolutionärer Wandel der Auffassungen stattgefunden. Deshalb wird von einer »neuen Kinderforschung« gesprochen. Bezeichnend für diese neue Forschungsrichtung ist es, dass Kinder nicht mehr einfach als Produkt der Erziehung, sondern als »Autoren ihrer Entwicklung« angesprochen werden können.[30]
Selbstwerdung im Kindesalter wird nunmehr auch als Leistung des Kindes selbst verstanden, und dabei spielen die eigenen Vorstellungen und Selbst-Entwürfe des Kindes eine entscheidende Rolle. Nicht erst der erwachsene Mensch, sondern auch schon das Kind lebt demnach mit bestimmten Bildern von sich selber. Es lebt mit Entwürfen einer Identität – mit Vorstellungen davon, wer es sein möchte und wer es sein kann. Deshalb ist die Selbstwerdung auch so eng mit der Fantasie verbunden. Die Fantasie liefert entsprechende Bilder und Vorstellungen und hilft so dem Kind, sich selber zu bilden. Kindliche Fantasie ist deshalb keineswegs – wie lange angenommen wurde – etwas im Grunde Unwichtiges, auf das zur Not auch verzichtet werden kann. Fantasie gehört vielmehr zu den grundlegenden Voraussetzungen für eine gesunde Entwicklung. Sie sollte in der Erziehung nicht vernachlässigt, sondern entschieden gefördert und gepflegt werden.
Für die veränderte Wahrnehmung des Kindes hat das »Tagebuch eines Babys« des amerikanischen Kinderforschers Daniel N. Stern eine wichtige Rolle gespielt. In diesem Tagebuch finden wir auch plastische Beispiele für Fantasiegeschichten des Kindes, dessen Aufwachsen hier dokumentiert wird.[31]
Im Alter von etwa vier Jahren erzählt Joey folgende Geschichte – im Gespräch mit Daniel Stern (D.S.):

D.S.: Na, Joey – was war denn heute morgen los?

Joey: Ich habe gespielt. Mit meinem Löwen. Er wohnt bei mir an der Wand.

D.S.: Ach ja?

Joey: Ja, und er ist ganz gelb und groß. Riesengroß! Aber er ist überhaupt nicht böse. Er ist ein lieber Löwe. Meine Mami und mein Papa wollen nicht, daß er herauskommt … Deshalb versteckt er sich hinter meinen Bettpfosten.

D.S.: Hinter deinen Bettpfosten?

Joey: Meine Bettpfosten sind sein Käfig. Er geht im Käfig ganz langsam im Kreis herum. Er schleicht so langsam herum, weil er so allein ist. Gestern hat er getanzt und gesungen und hat mit den Händen und dem Schwanz an der Wand und auf den Pfosten Musik gemacht.

D.S.: Wirklich?!

Joey: Er hat ein ganz langes Lied gesungen. Wie er noch klein war und wie er gekämpft hat. Und dann kam ein großer Sturm, und alles war durcheinander und der Sturm hat alles weggeblasen. Ja, und das Lied hat den ganzen Tag gedauert bis es fertig war. Und dann, dann ist der Löwe schlafen gegangen.

D.S.: Sag bloß!

Joey: Er singt aber nicht, wenn Mami oder Papa hereinkommen.

D.S.: Nicht?

Joey: Nein. Man kann ihn nur morgens sehen. Aber manchmal kann ich ihn auch nachts sehen, wenn ich will. Aber morgens gefällt es ihm am besten.

In seiner Deutung dieser Geschichte sieht Stern einen erkennbaren Zusammenhang mit Problemen, mit denen sich Joey an diesem Tag auseinander setzen muss: »Diese Themen – Aggression/Wut, Alleinsein/Traurigkeit und Versöhnung – wurden durch die dramatischen Ereignisse des gestrigen Tages mobilisiert, als er Tina geschlagen hatte und deshalb in sein Zimmer geschickt worden war«. In dieser Situation kann der Löwe in der Geschichte Joey bei der Verarbeitung seiner Erfahrungen helfen. Dabei tritt die aktive Rolle des Kindes deutlich hervor. Zunächst ist schon die Ausgestaltung zu einer Geschichte als Leistung des Kindes anzusprechen: Die »Erfahrungswelt« wird »quasi von innen nach außen« gestülpt – ein erster Schritt der Verarbeitung. Weiterhin geht es dem Löwen so, wie es auch Joey ergangen ist: Für sein Kämpfen wird er bestraft, und wie Joey in seinem Zimmer bleiben muss, so der Löwe im fantasierten Käfig der Bettpfosten. Schließlich weist Stern auch darauf hin, dass der Löwe für Joey zu einem treuen Begleiter wird, der ihn in der Situation der strafweisen Einsamkeit in seinem Zimmer nicht alleine lässt.

Ist schon an diesen Deutungen abzulesen, wie wichtig die Fantasie für die Verarbeitung von Erfahrungen im Kindesalter tatsächlich ist, so kommt im vorliegenden Zusammenhang noch ein weiterer Gedanke mit ins Spiel. Der Löwe ist für Joey auch eine Identifikationsfigur – ein Vorbild dafür, wie man stark und »riesengroß« sein kann und doch »überhaupt nicht böse«. Auch dieser Löwe war einmal »noch klein« und hat »gekämpft«. Zumindest ansatzweise wird damit erkennbar, wie der Löwe einen Weg für die kindliche Selbstwerdung aufzeigt – einen Weg vom kämpferischen kleinen Löwen hin zum riesengroßen starken Löwen, der doch nicht böse ist.

Woher kommt der Löwe, der für Joey so wichtig ist? Ohne Zweifel handelt es sich um ein Erzeugnis seiner Fantasie. Insofern begegnen wir hier dem Kind als »Autor seiner Entwicklung«. Und doch ist es nicht so, dass die kindliche Fantasie sich alle Vorstellungen einfach selber erschaffen könnte. Wie D. Stern berichtet, greift Joey auf einen Löwen aus dem Bilderbuch zurück, der ihm so zumindest als Ausgangspunkt für eigene schöpferische Tätigkeit dient. Diese Beobachtung kann verallgemeinert werden: Die Fantasie bedient sich auch sonst der Vorstellungen und Geschichten, die dem Kind begegnen, und spinnt daraus ihre eigenen Geschichten und Bilder.

So stoßen wir im Zusammenhang der Selbstwerdung mit Hilfe der Fantasie wiederum darauf, dass Kinder Geschichten brauchen, wie wir bereits oben bei Bruno Bettelheims Thesen gesehen haben. Und erneut erweist sich Bettelheims Beschränkung auf die Märchen als zu eng. Es ist nicht einzusehen, warum sich biblische Geschichten nicht dazu eignen sollten, dem Kind bei seiner Ausformung von Bildern des Selbst und der Welt zu Hilfe zu kommen. Wie besonders der Religionspädagoge Ingo Baldermann deutlich gemacht hat, sind biblische Geschichten vielfach Hoffnungsgeschichten, die für das Kind und seine Selbstwerdung eine elementare Bedeutung gewinnen können, weil sie eine hoffnungsvolle Zukunft eröffnen.[32]

An Beispielen wie der Geschichte von Joey und dem Löwen wird auch deutlich, dass die Fantasiegeschichten der Kinder häufig weit über ihre Alltagswelt und über deren Wirklichkeit hinausführen. Fantasiegeschichten ähneln darin den Mythen, wie wir sie aus der Menschheitsgeschichte kennen. Da gibt es mächtige Gestalten und übermenschliche Kräfte, und da gibt es die »Guten« und die »Bösen«, die immer aufs Neue miteinander im Kampf liegen. In solchen Geschichten werden menschliche Grundkonflikte und Grunderfahrungen thematisiert. Darin liegt ihr Nutzen für das Leben. Der Pädagoge Reinhard Fatke deutet dies so: »Die Thematik der kindlichen Phantasie, wie sie in den selbsterfundenen Geschichten zum Ausdruck gelangt, ist somit ein Spannungsfeld von Antithesen, die in der psychosozialen Situation des Kindes verankert sind (Autoritätskonflikte, Rivalitätsängste und so weiter) und die das Kind mit zunehmendem Alter und zunehmender Erfahrung zu bewältigen und ›aufzuheben‹ versucht. Neue symbolische Gestaltungen der Lösung dieses Grundkonflikts machen neue Erfahrungen im realen Leben möglich, und neue Erfahrungen ermöglichen neue symbolische Gestaltungen der Lösung dieses Grundkonflikts. Somit kann diese Ausdrucksform des Kinderlebens, das Erfinden von Phantasiegeschichten, betrachtet werden als eine ›Erkundungsfahrt in die Möglichkeit‹ – eine Erkundungsfahrt in eine für die Kinder bessere Möglichkeit, die durchaus Wirklichkeit werden kann«.[33] Für die Erwachsenen ist häufig befremdlich, dass solche Fantasiegestalten für das Kind ein hohes Maß an Realität zu besitzen scheinen. Irgendwie ist den Kindern zwar klar, dass ihre Fantasiegestalten nicht »wirklich« sind oder nicht »in echt« existieren – aber irgendwie sind sie doch da, sind wichtig und leben für das Kind jedenfalls insofern, als sie mit ihnen Gedanken austauschen und eine intensive Beziehung zu ihnen eingehen können.

Der Kinderpsychologe D.W. Winnicott, der sich intensiv mit der kindlichen Entwicklung in den ersten Lebensjahren beschäftigt hat, spricht hier von einem »Zwischenbereich«, der sich weder einfach der Realität noch einfach der Einbildung zuordnen lasse. Zwischen Wirklichkeit und Fantasie gebe es vielmehr einen Bereich, in dem beides, das Reale und das bloß Fantasierte, miteinander verschmelzen. Dieser Zwischenbereich sei ein Erbe der frühen Kindheit. Er entstehe, wenn sich das Kind erstmals der äußeren Wirklichkeit als von ihm selbst abgetrennt und gesondert bewusst wird.[34]

Im vorliegenden Zusammenhang ist nun von besonderem Interesse, dass die Selbstwerdung des Kindes nach Winnicott eng von der Verfügbarkeit eines solchen Zwischenbereiches abhängig ist. Immer wieder greife das Kind zurück auf diesen Bereich, um neue Kraft zu schöpfen für die Begegnung mit der äußeren Wirklichkeit. Zugleich sei in diesem Zwischenbereich auch der Ursprung des späteren religiösen Verhältnisses zur Welt zu sehen, ebenso wie der Ursprung von Kunst und Kreativität.

Selbstwerdung, Fantasie, Religion und Kreativität gehören so gesehen eng zusammen. Je mehr die aktive Rolle des Kindes bei seiner Selbstwerdung gesehen wird, desto mehr kommt auch die Bedeutung von Fantasie, Religion und Kreativität mit ihren Bildern und Vorstellungen von Selbst und Welt in den Blick.

Religion in der kindlichen Entwicklung

Bislang haben wir auf die Gefahr einer Fehlentwicklung durch ausbleibende religiöse Erziehung hingewiesen und haben uns deutlich gemacht, wie Kinder als »Autoren ihrer Entwicklung« tätig sind. Zwischen Selbstwerdung und kindlicher Fantasietätigkeit besonders im Horizont von Geschichten, von Mythos und Religion besteht ein enger Zusammenhang. In einem weiteren Schritt wollen wir uns nun stärker auf die religiöse Entwicklung im Kindesalter konzentrieren. Wenn Religion im Kindesalter eine eigene Entwicklung durchläuft, dann haben wir es bei der religiösen Entwicklung mit einer Dimension von Selbstwerdung oder Persönlichkeitsbildung zu tun, die ebenso gefördert werden kann und sollte wie andere Dimensionen der Persönlichkeit.

Es gibt inzwischen eine beachtliche Zahl von Untersuchungen und darauf aufbauender Theorien, die Aufschluss über Religion in der kindlichen Entwicklung geben. Diese Untersuchungen, die ich an anderer Stelle ausführlich dargestellt habe,[35] sollen hier nicht im Einzelnen wieder gegeben werden. Eine Erinnerung an die für uns wesentlichen Ergebnisse kann jedoch den Zusammenhang zwischen Selbstwerdung und religiöser Entwicklung weiter beleuchten. Dabei können wir zwischen vier Entwicklungsschritten unterscheiden:

(1) Bereits festgestellt haben wir, dass die religiöse Entwicklung nach heutigem Verständnis schon in der frühesten Kindheit beginnt. Die frühkindliche Vertrauensbildung (sog. Ur- oder Grundvertrauen), die sich in der Beziehung zu den Eltern vollzieht, verweist auf ein späteres Vertrauen zu Gott sowie die Hoffnung auf eine vertrauenswürdige Welt. All dies betrifft noch den vorsprachlichen Bereich, der sich auch für die Psychologie nur im Rückblick aus späterer Zeit erschließen lässt. In dieser Zeit geht es um Erfahrungen und Gefühle, noch nicht um ausdrücklich religiöse Vorstellungen oder Gottesbilder. Gleichwohl sind diese Erfahrun-

gen von grundlegender Bedeutung für die spätere religiöse Entwicklung, manchmal sogar noch im Erwachsenenalter.

(2) Für die Zeit, die dann mit dem Spracherwerb beginnt und die bis etwa zum Beginn der Schule reicht, ist auch in religiöser Hinsicht die kindliche Fantasie bestimmend. Das Kind lebt in einer Vielzahl einzelner Vorstellungen und einzelner Geschichten von Gott und von Gottes Tun. Dass zwischen den einzelnen Vorstellungen und Geschichten dabei häufig kein Zusammenhang zu bestehen scheint und dass Erwachsene diese Vorstellungs- und Fantasiewelt häufig widersprüchlich finden, ist für Kinder in diesem Alter nicht weiter störend. In dieser Zeit ist Gott für das Kind eine Art von Fantasiegestalt, noch nicht Gegenstand eines geordneten Denkens.

(3) Manchmal schon gegen Ende der Kindergartenzeit, häufig aber auch erst nach dem Eintritt in die Grundschule beginnen die Kinder, nach einer umfassenderen Ordnung zu suchen. In dieser Zeit werden richtige Weltbilder entworfen und gemalt – Bilder der gesamten Welt und ihrer Ordnung, mit Erde und Himmel (und manchmal auch einer Hölle). Solche Bilder ähneln zum Teil den Weltbildern aus dem Altertum mit ihrem klaren oben und unten. Solche Weltbilder können als mythologisch angesprochen werden: Vielfach ist die Welt, wie Kinder sie sich vorstellen, von mythologischen Wesen wie beispielsweise Engelsgestalten bevölkert; der Himmel ist Wohnung und Lebensort Gottes, wobei Gott in menschlicher Gestalt (»alter Mann mit Bart« u.ä.) dargestellt wird.

(4) Solche Welt- und Gottesbilder halten sich bis in die späte Kindheit. Mit dem Jugendalter werden sie dann wiederum fragwürdig, unter anderem weil sie mit dem sich ausbildenden und auch in der Schule gelernten naturwissenschaftlichen Denken nicht zu vereinbaren sind. Das kindliche Weltbild mit seinem Himmel als Wohnstatt Gottes wird allmählich abgelöst durch die naturwissenschaftliche Vorstellung vom Weltall oder Kosmos, in dem es kein unten oder oben mehr gibt, sondern nur noch unendlich große Entfernungen. Dadurch verliert Gott seinen Platz im Himmel – mit dem Abschied vom Kinderglauben stellt sich auch die Gottesfrage neu.

Wir wollen die religiöse Entwicklung im Jugend- und Erwachsenenalter an dieser Stelle nicht weiter verfolgen. Deutlich ist jedenfalls, dass sich in der Kindheit wesentliche Schritte der religiösen Entwicklung vollzie-

hen, die jeweils eng mit dem gesamten Weltbild des Kindes zusammenhängen. Deshalb ist zweierlei fest zu halten: Weil die Persönlichkeitsentwicklung im Kindesalter auch eine religiöse Dimension einschließt, darf
die Entwicklung dieser Dimension nicht vernachlässigt, sondern muss
ausdrücklich gefördert werden. Und da die religiöse Entwicklung mit
der Entwicklung des kindlichen Weltbilds insgesamt verbunden ist, betrifft sie unmittelbar auch die Selbstwerdung des Kindes.

Wenn wir zu Beginn des Kapitels festgestellt haben, dass eine – verfehlte
– religiöse Erziehung die Selbstwerdung des Kindes behindern kann, so
ist jetzt auch die umgekehrte These plausibel geworden: Das Fehlen einer – angemessenen – religiösen Erziehung bedeutet für die Selbstwerdung des Kindes ebenfalls einen Mangel. Neben der Gefahr einer »Gottesvergiftung« steht die eines »Kaspar Hauser«-Syndroms in Folge religiöser »Unterernährung« des Kindes.

5. ... und welche Religion?

Bislang haben wir bewusst ganz offen gelassen, was unter »Religion«
inhaltlich verstanden werden soll. Wir haben uns, ohne dies weiter deutlich zu machen, auf ein weites Religionsverständnis gestützt, das alle
Fragen oder Lebensorientierungen, so weit sie sich auf letztgültige Antworten oder Normen beziehen, einschließt (sog. funktionales Religionsverständnis). Wenn vom Recht des Kindes auf Religion gesprochen wird,
ist ein solches formales Religionsverständnis in gewisser Hinsicht unabdingbar. Wo dieses Recht beispielsweise im Kindergarten oder in der
Schule gewahrt werden soll, muss zugleich die Religionsfreiheit gewährleistet sein. Aus dem Recht auf Religion würde sonst leicht die Pflicht,
beispielsweise Mitglied einer bestimmten Kirche oder Religionsgemeinschaft zu sein. Eine allgemeine, von der Erziehung ausgehende Verpflichtung auf eine bestimmte Religion oder Glaubensrichtung ist von vornherein ausgeschlossen – insbesondere dann, wenn auch der Staat als Träger von Erziehungseinrichtungen angesprochen sein soll.

Weiterhin haben wir nach Begründungen für ein Recht des Kindes auf
Religion im Gespräch mit Pädagogik und pädagogischer Psychologie
gesucht, und diese Wissenschaften verstehen sich heute weithin als welt-

anschaulich neutral. Ein Recht auf Religion lässt sich in ihrem Horizont deshalb nur dann plausibel machen, wenn es sich um eine *allgemeine*, gerade nicht auf eine bestimmte Religionsgemeinschaft bezogene Begründung handelt.

In einer modernen freiheitlichen Demokratie bleibt es jedem selbst überlassen, welche Glaubensüberzeugungen übernommen oder nicht übernommen werden. Dieses Recht auf Glaubens- und Gewissensfreiheit muss auch in der Erziehung gewahrt bleiben. Weder dürfen Eltern zu einer bestimmten religiösen Erziehung verpflichtet werden noch kann eine vom Staat getragene Erziehungseinrichtung wie beispielsweise ein kommunaler Kindergarten ohne ausdrückliche Zustimmung der Eltern im Sinne einer Kirche oder Religionsgemeinschaft erziehen. Diese allgemeinen Bestimmungen müssen auch in Zukunft gelten. In einer Zeit des gesellschaftlichen Umbruchs, in der auch eine angemessene religiöse Begleitung des Kindes nicht ohne weiteres gewährleistet ist, entstehen aber zugleich neue Herausforderungen. Beispielsweise hat der Einfluss von sog. Sekten und Psychogruppen dazu geführt, dass in der Politik die Sorge um die religiöse Beeinflussung von Kindern zunimmt, sodass im Bundestag sogar eine entsprechende Enquete-Kommission eingerichtet wurde. Für das Kindeswohl ist es nicht gleichgültig, welche Religion dem Kind vermittelt wird.

Auch wo es nicht um Extremfälle geht, bleibt zu bedenken, dass es sich bei einem funktionalen oder formalen Religionsverständnis am Ende um eine Abstraktion handelt. Gelebt wird Religion weithin nur in Gestalt bestimmter religiöser Traditionen und im Zusammenhang bestimmter Religionsgemeinschaften wie den Kirchen. Selbst nach einem Austritt aus der Kirche beispielsweise bleibt die christliche Tradition vielfach noch ein Orientierungsrahmen. Dies gilt auch für die religiöse Erziehung. So ist fest zu halten: Wer nach dem Recht des Kindes auf Religion fragen will, muss auch nach den Formen der religiösen Begleitung fragen, die in bestimmten Religionsgemeinschaften verwirklicht sind. Wie Kirchen und Religionsgemeinschaften mit dem Recht des Kindes umgehen, ist von allgemeinem, deshalb auch pädagogischem und psychologischem Interesse – negativ, weil Missbrauch verhindert, positiv, weil religiöse Begleitung ermöglicht werden soll.

Im Folgenden greifen wir zunächst das Problem pädagogisch-psychologischer Maßstäbe einer kindgerechten religiösen Erziehung auf. In einem weiteren Schritt soll es dann darum gehen, wie das Recht des Kindes auf Religion in der Sicht der christlichen Theologie einzuschätzen ist.

Pädagogisch-psychologische Maßstäbe kindgerechter Religion

Dass es auch heute, unter den Voraussetzungen der Religions- und Gewissensfreiheit sowie der weltanschaulichen Neutralität des Staates ein *öffentliches* Interesse an kindgerechter Religion und religiöser Erziehung gibt, ist in den letzten Jahren neu deutlich geworden. Bei der Arbeit der vom Bundestag eingesetzten Enquete-Kommission »Sogenannte Sekten und Psychogruppen«[36] wurde zu Recht auf die bislang vernachlässigte Problematik der Situation von Kindern und Jugendlichen in solchen Gruppen hingewiesen. Auch »im Namen religiöser Erziehung begangene Übergriffe, Schädigungen, Misshandlungen oder auch Missbräuche von Kindern und Jugendlichen« können gegen das Recht des Kindes verstoßen. Dabei stützt sich die Kommission auf §1 Sozialgesetzbuch VIII: »Jeder junge Mensch hat ein Recht auf Förderung seiner Entwicklung und auf Erziehung zu einer eigenverantwortlichen und gemeinschaftsfähigen Persönlichkeit«. Die Enquete-Kommission kommt zu dem Ergebnis, dass ein Verstoß gegen dieses Recht keineswegs nur bei sog. Sekten vorkommen kann, sondern auch in anderen Gruppen oder Milieus der Gesellschaft. Die entscheidende Frage bezieht sich in jedem Falle darauf, ob das »Wohl des Kindes« durch eine bestimmte Religion oder religiöse Erziehung bedroht ist.

Aus den Erfahrungsberichten und Untersuchungen über »Sekten-Kinder«[37] sowie über krankheitserzeugende (pathogene) Wirkungen bestimmter Formen der religiösen Erziehung aus der Kinder- und Jugendpsychiatrie ergeben sich vor allem zwei Kriterien zur Beurteilung kindgerechter Religion. Diese Kriterien besitzen m.E. insofern zwingenden Charakter, als sie unmittelbar auf das »*Wohl des Kindes*« bezogen sind. Nicht kindgerecht im Sinne des Kinderwohls ist demnach eine Religion bzw. religiöse Erziehung, die:

(1) irreversible Einschränkungen eigenständiger Lebensentscheidungen fordert: Dabei ist nicht nur an die in den Medien stark beachteten Fälle beispielsweise der Verweigerung bestimmter medizinischer Behandlungsformen für ein Kind zu denken, sondern auch an weit reichende Eingriffe

etwa in die Bildungsbiografie durch Verweigerung von Schulbesuch, Ausschluss einer Ausbildung usw. Problematisch sind darüber hinaus solche Formen der religiösen Erziehung, die keinerlei Ablösung vom Elternhaus mehr zulassen, weil dies als »Verrat am Glauben« oder als ein »Verrat an Gott« ausgelegt werden müsste.[38]

(2) mit *angsterzeugenden Erziehungspraktiken arbeitet*: Wie wir bereits gesehen haben, können Gottesbilder, aber auch etwa Vorstellungen von einem bevorstehenden Weltgericht so vermittelt werden, dass sie Kinder in geradezu panische Angst versetzen. Strafängste und ein neurotisierendes Gewissen sind dann leicht die Folge, die wiederum Depressivität und Selbstmordneigungen nach sich ziehen kann.

In Fällen, in denen in so eindeutiger Weise gegen das »Wohl des Kindes« verstoßen wird, sind staatliche Gegenmaßnahmen, im Extremfall sogar im Sinne des Strafrechts legitim und erforderlich. Dabei ist freilich zu bedenken, dass sich auch die genannten zwei Kriterien erst nach sorgfältiger Untersuchung des Einzelfalls anwenden lassen. Auch das Elternrecht, das die religiöse Erziehung einschließt, stellt ein hohes Gut dar und bleibt zu achten.

Die beiden bislang genannten Kriterien zielen darauf, einer verfehlten religiösen Erziehung im Namen des Kindeswohls Grenzen zu ziehen. Über solche, nur auf Extremfälle anwendbare Kriterien hinaus gibt es nun eine Reihe weiterer Maßstäbe, die sich auf das *pädagogisch und psychologisch Wünschenswerte* beziehen. Beispielhaft seien drei weitere Kriterien des Wünschenswerten genannt:

(3) Religion als Begründung von Werten: Ein Einfluss von Religion auf Erziehung ist pädagogisch und psychologisch dann wünschenswert, wenn dem Kind dadurch eine angemessene Wertorientierung ermöglicht wird. Angemessen ist eine Wertorientierung in diesem Falle dann, wenn sie zu sozialer Verantwortung anleitet, ohne die Individualität und Freiheit des Kindes preiszugeben.

(4) Religion als Sinnangebot: In extremen Situationen wie beispielsweise lebensbedrohlichen Krankheiten, so haben wir gesehen, liegt die Bedeutung von Antworten auf die Frage nach dem Woher und Wohin des

menschlichen Lebens auch bereits im Kindesalter offen zu Tage. Was in extremen Situationen offenbar wird, spielt aber auch im Alltag der Erziehung eine Rolle – oftmals unausgesprochen und verborgen unter der Oberfläche. Pädagogisch wünschenswert sind solche Antworten auf Sinnfragen von Kindern, die ihnen Gewissheit und Hoffnung geben können – eine Vergewisserung, dass die Welt nicht einfach sinnlos ist, sowie die Hoffnung darauf, dass das menschliche Leben und Handeln nicht in der Absurdität endet. Zugleich sollen Sinnangebote die Zukunft nicht totalitär verschließen, sondern sie offen und gestaltbar halten.

(5) Religion als Unterstützung von Fantasie und Kreativität in der Persönlichkeitsentwicklung: Wenn Kinder heute als »Autoren ihrer Entwicklung« angesehen und anerkannt werden sollen, so haben wir gesagt, brauchen sie Geschichten, die ihre Fantasie anregen. Und sie brauchen Mythen, mit deren Hilfe sie besser mit menschlichen Grundkonflikten umgehen können. Die Auseinandersetzung zwischen gut und böse nicht nur im zwischenmenschlichen Leben, sondern im Maßstab des gesamten Kosmos macht dies besonders deutlich. Und wiederum verläuft hier eine feine, aber entscheidende Trennlinie zwischen solchen Mythen, die nur zu Resignation und Hoffnungslosigkeit führen, zu Macho-Verhalten und Gewalt, und solchen Deutungen der Weltgeschichte, die Hoffnung auf ein wahrhaft menschliches Leben eröffnen.

Auch zusammengenommen führen diese fünf Kriterien des pädagogisch Wünschenswerten und des im Namen des Kindeswohls mit Notwendigkeit Auszuschließenden nicht zur Entscheidung für eine bestimmte Religion, die durch die Erziehung vermittelt werden müsste. Wäre dies anders, wäre eine erziehungswissenschaftlich verantwortete Erziehung unter religiös-pluralen Voraussetzungen gar nicht denkbar. Die Erziehungswissenschaft müsste dann beispielsweise für eine christliche Erziehung eintreten und könnte sich nicht mehr auf Kinder mit nicht-christlicher Religionszugehörigkeit einlassen. Dennoch können die fünf genannten Kriterien dazu beitragen, bestimmte Vorstellungen von religiöser Erziehung, wie sie beispielsweise bei manchen sog. Sekten vorzuherrschen scheinen, als wenig oder gar nicht kindgerecht aus dem Kreis legitimer Möglichkeiten auszuschließen. Insofern ist die Suche nach solchen Kriterien auch pädagogisch keineswegs sinnlos, sondern nach wie vor geboten.

Das Recht des Kindes auf Religion – in christlicher Sicht

Religion, so haben wir uns klargemacht, gibt es weithin nur in Gestalt bestimmter religiöser Traditionen und bestimmter Religionsgemeinschaften wie den Kirchen. Deshalb ist es legitim, wenn ich nun in diesem Abschnitt die Perspektive der christlichen Theologie aufnehme und als evangelischer Theologe und Religionspädagoge spreche. Damit soll nicht behauptet werden, dass die christliche Deutung des Zusammenhangs von Kindheit und Religion die einzig mögliche wäre. Trotz der multikulturellen und auch multireligiösen Situation im heutigen Deutschland behält die christliche Tradition aber doch schon insofern eine besondere Bedeutung, als die Mehrheit der Menschen in diesem Land nach wie vor einer christlichen Kirche angehört.

In christlicher Sicht entspricht das Recht des Kindes auf Religion und auf religiöse Begleitung der besonderen Hinwendung zum Kind, die für den christlichen Glauben und für das Neue Testament kennzeichnend ist.[39] Nach dem sog. Kinderevangelium (Mk 10, 13-16) wendet sich Jesus selber den Kindern zu und widerspricht allen, die die Kinder gleichsam nur in der zweiten Reihe sehen wollen: »Lasset die Kinder zu mir kommen und wehret ihnen nicht; denn solcher ist das Reich Gottes«. Angesichts der im Altertum häufig geringen Achtung vor Kindern ist dies eine bemerkenswerte, wenn nicht gar revolutionäre Einstellung gegenüber den Kindern. Und dies kann noch weiter zugespitzt werden, indem ein enger Zusammenhang zwischen dem Kind und Gott hergestellt wird. In Mk 9, 37 ist folgende Aussage Jesu überliefert: »Wer ein solches Kind aufnimmt in meinem Namen, der nimmt mich auf; und wer mich aufnimmt, der nimmt nicht mich auf, sondern den, der mich gesandt hat«. Demnach identifiziert sich Gott mit dem Kind. Wie wir mit Kindern umgehen, gibt zu erkennen, wie wir mit Gott umgehen.

Wie positiv Kinder in den Evangelien gesehen werden, zeigt sich auch daran, dass sie den Erwachsenen als Vorbild vor Augen gestellt werden können. Die Erwachsenen müssen das Reich Gottes empfangen »wie ein Kind« (Mk 10, 15), sie müssen werden »wie die Kinder«, sonst kommen sie nicht in das Himmelreich (Mt 18, 3). Zwischen Kind und Glaube – dem *rechten* Glauben – wird hier ein sehr enges Verhältnis geknüpft. Und schließlich ist bei alldem zu bedenken, dass Gott selbst nach dem

Neuen Testament nicht nur einfach *Mensch* geworden ist, sondern dass er *Kind* wird und dass er Menschengestalt in der Gestalt des Kindes annimmt, wie wir es an Weihnachten feiern. Durch die Menschwerdung Gottes wird das Kind nach christlicher Auffassung nicht göttlich, aber eine Geringachtung des Kindes wird in jeder Hinsicht ausgeschlossen. So besteht also insgesamt eine besondere Nähe zwischen Kind und christlichem Glauben, was in christlicher Sicht ein Recht des Kindes darauf einschließt, diesen Glauben und seine Überlieferung auch selbst kennen zu lernen. Im christlichen Erziehungsdenken wird dies auch eigens hervorgehoben. Systematisch begründet wird die Notwendigkeit der religiösen Erziehung hier damit, dass auch das Kind zum christlichen Glauben nicht einfach auf Grund innerer Erleuchtung oder spontaner Erlebnisse kommt, sondern durch das Vertrautwerden mit der christlichen Überlieferung, insbesondere mit den Geschichten der Bibel. Nach christlichem Verständnis erlöst sich der Mensch nicht selber, sondern er lebt von seinem Angenommen-Sein durch Gott – von der Annahme, die ihm von Gott her begegnet und die ihm in der christlichen Verkündigung zugesprochen wird. Deshalb kann gesagt werden, dass das Recht des Kindes auf religiöse Erziehung in christlicher Sicht auch aus dem Inhalt des christlichen Glaubens selber erwächst. Wer Gott ist und wie sich Gott den Menschen zuwendet, das erfahren wir – und das erfährt das Kind – daran, wie Jesus von Nazareth von Gott gesprochen und wie er gehandelt hat – bis hin zu seinem Tod am Kreuz und zu dem Glauben an seine Auferstehung. Von alldem kann das Kind nur durch religiöse Erziehung erfahren.

Der enge Zusammenhang zwischen christlichem Glauben und Erziehung darf allerdings nicht darüber hinweg täuschen, dass dieser Glaube niemals ein bloßes Erziehungsprodukt sein kann. Der Glaube betrifft unmittelbar das Verhältnis zwischen Gott und Mensch bzw. Gott und Kind, und über dieses Verhältnis kann von außen nicht verfügt werden, weder durch Erziehung noch durch andere Formen der Einwirkung. Weder die Kirche als Institution noch die kirchlichen Amtsträger können über den Glauben als Verhältnis zu Gott bestimmen. Daran wird exemplarisch erkennbar, dass der Glaube nach christlichem Verständnis eine Sache der Freiheit sein muss. Darin entspricht er insbesondere dem ersten pädagogisch-psychologischen Kriterium kindgerechter Religion. Die im Glauben begründete Freiheit darf auch durch pädagogische Autoritäten nicht wieder in Frage gestellt werden.

Auch die übrigen pädagogisch-psychologischen Kriterien kindgerechter Religion, die wir im letzten Abschnitt beschrieben haben, werden vom christlichen Glauben erfüllt. Seine Bedeutung für die Begründung von Werten, für Sinnfindung und Persönlichkeitsentwicklung ist zumindest dort unbestritten, wo die christliche Erziehung dem genannten Weg der Freiheit folgt. Und wo christliche Erziehung zu Strafängsten führt, die die gesamte Persönlichkeitsentwicklung beeinträchtigen, handelt es sich nach heutigem religionspädagogischem Verständnis immer um eine Fehlform und nicht um eine legitime Gestalt der christlichen Erziehung.

Zusammenfassend ist festzuhalten, dass das Recht des Kindes auf Religion aus christlicher Sicht ausdrücklich bestätigt werden kann. In christlich-theologischer Deutung erwächst es aus der Hinwendung Jesu zum Kind, und an dieser Hinwendung wird Gottes Verhältnis zu den Kindern erkennbar. Dies kann auch so ausgedrückt werden, dass gerade der Verweis auf ein »Recht des Kindes« die für den christlichen Glauben charakteristische Nähe zwischen Gott und Kind treffend zum Ausdruck bringen kann.

Dieses Verständnis von christlicher Erziehung enthält dann auch eine Verpflichtung für die christliche Kirche. Wo das Recht des Kindes auf Religion anerkannt wird, erwächst daraus eine Pflicht der Kirche, eine kindgemäße religiöse Begleitung zu gewährleisten. Darüber hinaus muss sich die Kirche fragen, wie sie selber den Kindern gerecht werden kann. Davon wird im letzten Kapitel des Buches zu sprechen sein, wenn wir fragen, welche Kirche das Kind braucht.

Was den Erwachsenen
Schwierigkeiten macht:
Zwischen Unsicherheit und neuer Chance

Im ersten Teil des Buches haben wir uns ganz auf das Kind konzentriert. Wir haben gefragt, was Kinder brauchen und was religiöse Fragen für sie bedeuten. Aber das ist nur ein Teil unserer Frage nach Sinn, Notwendigkeit und Möglichkeit religiöser Erziehung. Denn zur Erziehung gehören immer beide – Kinder *und* Erwachsene, seien es Eltern oder seien es Erzieherinnen und Erzieher. Wer vom Recht des Kindes auf Religion spricht, spricht damit auch von einem Anspruch an die Erwachsenen. Deshalb müssen wir jetzt weiterfragen, wie es um die Erwachsenen steht und wie sie über den Anspruch auf religiöse Erziehung denken.

Nicht zufällig stellen wir dabei die Frage nach den Schwierigkeiten in den Vordergrund. Die kritische Auseinandersetzung besonders mit der in der Kindheit erfahrenen religiösen Erziehung gehört heute zu den Themen, von denen viele Menschen bewegt werden. Zudem üben solche biografisch bestimmten Schwierigkeiten einen erheblichen Einfluss auf das eigene Erziehersein der Erwachsenen aus. Und schließlich, ganz besonders wichtig, sind solche Schwierigkeiten, Unsicherheiten und kritische Rückfragen gerade bei der religiösen Erziehung vielfach zu kurz gekommen und ohne Antwort geblieben.

Ist es schon an sich problematisch, wenn Schwierigkeiten schweigend übergangen werden, so ist es im vorliegenden Zusammenhang noch aus einem weiteren Grund bedauerlich: Die Auseinandersetzung mit schlechten Erfahrungen in der eigenen religiösen Sozialisation ist nicht nur für die Erwachsenen wichtig – sie enthält vielmehr auch die Chance für eine kritische Erneuerung der religiösen Erziehung. Wo nämlich die Kritik an der selbst erfahrenen religiösen Erziehung nicht einfach zur Abkehr von aller religiöser Erziehung führt, sondern zu einer veränderten Gestaltung, kann sie zu einer wichtigen Voraussetzung für eine kindgerechte religiöse Erziehung werden. Erst eine solche Form der Erziehung ist auch dem Recht des

Kindes angemessen. Deshalb gilt: Das Recht des Kindes auf Religion ist nicht einfach *gegen* die Erwachsenen einzuklagen – es eröffnet vielmehr beiden, Kindern und Erwachsenen, neue Wege des religiösen Lernens. Dass sich auch für die Erwachsenen neue Wege eröffnen, ist – wie wir bereits gesehen haben – besonders wichtig. Denn bei vielen Erwachsenen ist die Auseinandersetzung mit dem eigenen Kinderglauben gleichsam unerledigt liegen geblieben. In vielen Lebensgeschichten ist zu beobachten, dass es nie zu einer Form des Glaubens gekommen ist, die dem Erwachsenenalter entspricht. Gott ist dann mit der Kindheit zurückgeblieben – verschüttet und halb vergessen, und der Alltag des Erwachsenenlebens bot keine Gelegenheit, die Frage nach Gott wieder aufzunehmen. In dieser Hinsicht konfrontieren uns die religiösen Fragen von Kindern vor allem mit der eigenen Unsicherheit und mit unerledigten Fragen. Eine zeitgemäße Form der religiösen Erziehung muss deshalb so angelegt sein, dass sie auch den Erwachsenen erlaubt, wieder mit ihrer religiösen Lebensgeschichte in Kontakt zu kommen.

Im Folgenden werden zunächst die biografisch bedingten Schwierigkeiten mit religiöser Erziehung im Vordergrund stehen und wird dann nach Erwartungen an eine veränderte Form der religiösen Erziehung gefragt. Ein weiterer Fragenkreis, der sich auf »Schwierigkeiten mit der Kirche« bezieht, soll erst am Ende des Buches aufgenommen werden.

1. Die eigene religiöse Sozialisation: »So möchte ich meine Kinder nicht erziehen!«

An dieser Stelle möchte ich zunächst verschiedene Erfahrungsberichte zur religiösen Erziehung und Sozialisation in der Kindheit aufnehmen. In einem weiteren Schritt soll dann gefragt werden, was diese Berichte für die religiöse Erziehung heute und für das Recht des Kindes auf Religion bedeuten.

Religiöse Erziehung als Zwang: Eindrücke aus der Arbeit mit Eltern und Erzieherinnen

Bei Elternseminaren zu Fragen der religiösen Erziehung, wie ich sie eine Zeit lang regelmäßig durchgeführt habe, stand am Anfang vielfach das

Thema »Die eigene religiöse Sozialisation – religiöse Erziehung in meiner Kindheit«. Ein solcher Anfang ist wichtig, weil die Erfahrungen mit Erziehung in der Kindheit immer auch das Erziehungshandeln der Erwachsenen mitbestimmen.

Sehr häufig kam bei diesen Abenden zur Sprache, dass religiöse Erziehung keineswegs eine gute Erinnerung darstellt. Erfahrungen von »Zwang« und von »Enge« wurden berichtet, »schlechte Gefühle«, die nicht vergessen waren, und manchmal sogar Gefühle von Schmerz und Verletzung. Und die wichtigste Folgerung daraus? *So möchte ich meine Kinder nicht erziehen!*

Auch bei heutigen Erzieherinnen sind offenbar vielfach solche Erfahrungen vorhanden. Eine 28-jährige angehende Erzieherin etwa beschreibt ihre eigene Erfahrung so:

»Eigentlich muß ich bei meiner Erziehung anfangen, die eine sehr christliche war und in mir eine gewisse Vorstellung von Gott und den Christen geprägt hat. Ich habe es gut gefunden, wie meine Eltern mit dem ›Glauben‹ selbstverständlich umgegangen sind, wie diese mich gelehrt haben zu beten. Ich habe gesehen, wie meine Eltern in einer Hoffnung lebten, die über den Tod hinausreicht.
Einen Nachteil von dieser christlichen Erziehung muß ich aber ansprechen, nämlich, daß sie in mir, als ich ein Kind war, ein sehr schlechtes Gewissen hervorgerufen hat. Alles was ich tat, wurde ja von Gott gesehen und so konnte ich nichts unbeobachtet tun!
Erst viel später, als ich einmal aus diesen ›christlichen Mauern‹ ausgebrochen war, als ich etwas tat, das nicht da reinpaßte und ich ohne jegliche Hilfe dastand, habe ich gemerkt, daß ich eigentlich nur an Gott glaubte, weil es meine Eltern auch taten«.[1]

Ein schlechtes Gewissen, weil Gott einen stets beobachtet – von solchen Erfahrungen führt kein Weg zu einer positiven religiösen Erziehung. Wer religiöse Erziehung selbst nur in dieser Form kennen gelernt hat, muss sich davon zunächst distanzieren. Davon spricht auch diese junge Frau:

»Nun hab ich angefangen über Gott nachzudenken. Erst hatte ich ihn ganz aufgegeben, doch als ich immer wieder merkte, daß es mir gut tut, wenn ich bete, und daß ich mit ihm auch sprechen kann, wenn sonst keiner mehr da ist, habe ich wieder angefangen an diesen Gott zu glauben«.

Hier wird zumindest ansatzweise deutlich, wie die kritische Auseinandersetzung mit der eigenen religiösen Sozialisation neue Zugänge zum

Glauben an Gott eröffnen kann. Der persönlich geprüfte und übernommene Glaube enthält für diese Erzieherin auch neue Möglichkeiten der religiösen Erziehung – nicht mehr im Zeichen eines »schlechten Gewissens«, sondern beispielsweise im Namen der »Hoffnung«, die diese Frau als Grund für ihr heutiges Interesse am Glauben ansieht.

»Religiöse Erziehung macht unfrei und krank«: autobiografische Berichte

In den letzten 20 oder 30 Jahren hat sich eine Form der kritisch-autobiografischen Literatur zur religiösen Erziehung entwickelt, die große Beachtung gefunden hat. Bereits erwähnt haben wir Tilmann Mosers »Gottesvergiftung« (1976). Kurz darauf erschien Fritz Zorns nicht weniger anklagendes Buch »Mars« (1977). Jutta Richters »Himmel, Hölle, Fegefeuer« (1985) trägt den sprechenden Untertitel »Versuch einer Befreiung«; es enthält eine kritische Abrechnung mit der (katholischen) Erziehung und mit der Kirche insgesamt. Ganze Sammlungen etwa von Dagmar Scherf (1984) oder, etwas anders gelagert, von Hubertus Mynarek (1983) folgen dieser Linie.[2]

Das gemeinsame Muster solcher Darstellungen bildet das Nachdenken über die negative, die eigene Lebensgeschichte deformierende Wirkung, die von Religion und religiöser Erziehung in der Kindheit ausgegangen sei. Im Einzelnen werden folgende Kritikpunkte angeführt:

– Angst und Schuldgefühle (»Der liebe Gott sieht alles und bestraft alles«)
– unterdrückte Sexualität (Körperfeindlichkeit, Verbot vorehelicher Sexualität usw.)
– religiöse Denkverbote (Zweifel durften nicht geäußert werden, schon Fragen erschienen verdächtig)
– eine unglaubwürdige Kirche (ihre Vertreter halten sich selbst nicht an die Lehren der Kirche)
– Versagensängste und Selbstüberforderung (die Vorstellung, Gott habe einen für eine bestimmte Aufgabe auserwählt, hinter der man aber hoffnungslos zurückbleibe).

In seiner Studie über »Dämonische Gottesbilder« hat Karl Frielingsdorf[3] herausgearbeitet, welche Folgen eine solche religiöse Erziehung für das Gottesbild nach sich ziehen kann. Auf Grund zahlreicher Lebensberichte kommt er zu der Auffassung, dass besonders vier solche Gottesbilder weit verbreitet seien:

- der bereits genannte »*strafende Richtergott*«, den Frielingsdorf im Hintergrund fast aller dämonischer Gottesbilder sieht;
- der »*Todes*«-*Gott*, der so bezeichnet wird, weil er den Menschen nicht zum Leben befreit, sondern das Leben ablehnt und verneint (»Es wäre besser, du wärest tot!«, »Du bist nicht lebenswert« usw.);
- der »*Buchhalter- und Gesetzesgott*«, »der jeden Fehler und jedes Vergehen des Menschen gegen das Gesetz automatisch registriert und aufschreibt für die große Endabrechnung beim Letzten Gericht«;
- der »*überfordernde ›Leistungsgott‹*«, der durch »Übertreibung einer in sich guten Leistung ... letztlich die Selbstzerstörung« des Menschen erreicht.

Es liegt auf der Hand, dass solche Gottesbilder den Menschen bis hinein in seine körperliche Gesundheit beeinträchtigen können. Dennoch kann nicht einfach behauptet werden, religiöse Erziehung mache den Menschen *immer* krank oder religiöse Erziehung sei überhaupt schädlich. Im Laufe der letzten 100 Jahre sind zahlreiche Untersuchungen über den Zusammenhang von Religion und psychischer oder körperlicher Gesundheit durchgeführt worden – teils in der Absicht, die krank machende Wirkung von Religion zu belegen, teils in der gegenteiligen Absicht, den unerlässlichen Beitrag der religiösen Erziehung zur Gesundheit des Kindes nachzuweisen.[4] Und obwohl in einzelnen, in der Regel kleineren Studien eindeutige Ergebnisse nach der einen oder anderen Seite hin behauptet wurden, kann nicht von einem schlüssigen Gesamtbild gesprochen werden: Manchmal sind Menschen, die sich selber als gläubig bezeichnen, eher von bestimmten Krankheiten betroffen als andere – manchmal sind es umgekehrt die Nicht-Gläubigen, deren Gesundheit labiler ist. Wissenschaftlich gesehen sind solche Befunde, die oft auch in der Presse Schlagzeilen machen, wenig aufschlussreich. Als einzige sichere Folgerung lässt sich wohl sagen: Es ist nie allein die religiöse Erziehung, die einen Menschen krank macht, aber die religiöse Erziehung allein kann auch nicht Gesundheit gewährleisten. Immer sind auch andere Faktoren mit im Spiel – die Beziehung zu den Eltern, der Erziehungsstil, gesellschaftliche Erwartungen usw. Deshalb ist weiterzufragen nach den genauen Ursachen für die schlechten Erfahrungen mit religiöser Erziehung, von denen heute Erwachsene häufig berichten.

Ursachen für schlechte Erfahrungen mit religiöser Erziehung

Die autobiografischen Berichte und kritischen Auseinandersetzungen mit der selbst erfahrenen religiösen Erziehung kommen in der Regel aus einer bestimmten Zeit. Häufig stammen sie von Autorinnen und Autoren, die in den Jahren etwa zwischen 1930 und 1960 geboren wurden. Damit betreffen sie teils noch das Aufwachsen im Nationalsozialismus, teils die Erziehung im Nachkriegsdeutschland. Die Erfahrungen in diesen Zeitabschnitten finden bei den heutigen Kindern und Jugendlichen kaum mehr eine Parallele. Auch schon für einen Großteil der Eltern jüngerer Kinder, die den Jahrgängen nach etwa 1970 angehören, galten in ihrer Kindheit andere Voraussetzungen. Insofern verweisen solche Berichte eher auf die Vergangenheit als auf unsere Gegenwart, jedenfalls was die allgemeine Verbreitung entsprechender Erfahrungen angeht. Einzelfälle wird es beispielsweise in religiösen Sondergruppen auch in Zukunft immer geben.

In diesem Zusammenhang ist vor allem an die im ersten Teil des Buches erwähnten Untersuchungen zum Wandel des Erziehungsstils zu erinnern. Besonders aufschlussreich sind hier Befunde zur Gehorsamserziehung: Bis in die 50er und 60er-Jahre hinein fand das Erziehungsziel »Gehorsam« breite Zustimmung in der Bevölkerung. Heute hingegen soll Erziehung vor allem Selbstbestimmung und Selbstachtung ermöglichen, während der Wert von Gehorsam eher als gering eingeschätzt wird.[5] Da nun ein enger Zusammenhang zwischen dem allgemeinen Erziehungsziel Gehorsam und der Vorstellung von einem Gott, der »alles sieht und der alles bestraft«, besteht, lässt der Wandel des Erziehungsstils auch erwarten, dass ein solches Gottesbild für die Kinder und Jugendlichen heute nicht mehr im Vordergrund steht. Diese Erwartung wird durch entsprechende, allerdings nicht verallgemeinerbare Untersuchungen unterstützt: *»Die Gottesbilder der Kinder und Jugendlichen zeigen eher einen freundlichen als einen bösen oder aggressiven Gott«*, darin sieht beispielsweise der Religionspädagoge Helmut Hanisch ein zentrales Ergebnis seiner Untersuchung zu den von Kindern und Jugendlichen gemalten Bildern von Gott.[6]

Die Ursachen für schlechte Erfahrungen mit religiöser Erziehung sind freilich nicht nur in den zeitgeschichtlichen Umständen oder in einem bestimmten Erziehungsstil, der heute nicht mehr praktiziert wird, zu suchen. Bestimmte theologische Auffassungen und Inhalte von religiöser Erziehung oder Religionsunterricht haben ebenfalls dazu beigetragen, dass Gott vor allem als Überwachungs- und Strafinstanz erlebt wurde. Deshalb ist es wichtig, dass sich nicht nur der Erziehungsstil verändert hat, sondern auch die Religionspädagogik. Dieser Wandel reicht so weit, dass heute zum Teil schon gefragt wird, ob ein bloß noch freundlich-liebevoller Gott vor den manchmal durchaus dunklen Lebenserfahrungen eigentlich standhalten könne.

Eine wichtige, heute aber kaum mehr wirksame Ursache für schlechte Erfahrungen mit religiöser Erziehung liegt jedenfalls in einer dem Kind abträglichen Gehorsamserziehung, die von einer entsprechenden Religionspädagogik noch verstärkt werden kann. Insofern ist der Wandel bei den Erziehungszielen zu begrüßen. Auch mit der Ablehnung eines Gottes, der »alles beobachtet« und das Kind »überwacht«, ist aber noch keine positive Grundlage für eine kindgerechte religiöse Erziehung geschaffen. Die Auseinandersetzung mit schlechten Erfahrungen muss auch in diesem Falle so weitergeführt werden, dass bessere Wege der religiösen Erziehung erkennbar werden.

Darüber hinaus sollten wir uns durch die Berichte über schlechte Erfahrungen aus vergangener Zeit für die Zukunft nicht lähmen lassen. Wie wir im ersten Teil des Buches festgestellt haben, liegt die größte Gefahr heute nicht mehr in einer »Gottesvergiftung« durch eine unfreie religiöse Erziehung. Viel drängender ist das Problem eines religiösen »Kaspar Hauser«-Syndroms, das sich auf Grund des Fehlens einer religiösen Begleitung des Kindes einstellen könnte.

2. Fragen und Zweifel: Unsicherheit bei der religiösen Erziehung

Neben der eigenen religiösen Sozialisation, die zum negativen Vorbild für eine wünschenswerte Erziehung werden kann, spielen heute offenbar vor allem Fragen und Zweifel der Erwachsenen eine wichtige Rolle – Fragen und Zweifel, die nicht zuletzt auf die nicht abgeschlossene Auseinandersetzung mit dem eigenen Kinderglauben verweisen. Dies gilt wiederum ebenso für Eltern wie für Erzieherinnen und Erzieher.

»Weil ich selbst im Glauben unsicher bin, kann ich auch nicht mehr religiös erziehen!«

Auch hierzu wiederum zunächst die Äußerung einer angehenden Erzieherin:

»Als Kind habe ich« mir Gott »menschlich vorgestellt … Ich habe ohne zu fragen oder anzuzweifeln an Gott geglaubt. Heute ist mir das nicht mehr möglich. Es gibt viele Widersprüche. Dadurch daß mein eigener Standpunkt eigentlich nicht klar ist, fällt es mir sehr schwer eine eindeutige Reaktion auf christliche Fragen von Seiten der Kinder aufzuzeigen«.[7]

Die Auseinandersetzung mit dem eigenen Kinderglauben, der sich im Fortgang der Lebensgeschichte als nicht mehr tragfähig erwies, hat hier Fragen, Zweifel und Unsicherheit hinterlassen. An die Stelle des Kinderglaubens ist kein neuer Glaube getreten, der eine vergleichbare Gewissheit in sich schließen würde. Bemerkenswert ist dabei, dass solche Fragen und Zweifel offenbar in der Schwebe bleiben können, ohne dass dies von Erwachsenen als störend empfunden wird – so wie es diese junge Frau beschreibt: »Ein Glauben ist eben auch nichts Greifbares, Handfestes. Wo sind Grenzen und Linien?« Die Auseinandersetzung mit dem Kinderglauben bleibt unabgeschlossen und führt nicht zu geklärten neuen Überzeugungen. Wenn nun aber die Kinder entsprechende Fragen stellen, sehen sich die Erwachsenen neu herausgefordert und erfahren, dass ihr längst abgelegt geglaubter Kinderglaube ihnen von den Kindern her wieder neu begegnet.

Dies gilt natürlich nicht nur für Erzieherinnen, sondern ganz ähnlich auch für Eltern. Die Mutter Martha Fay berichtet, wie sie ihrer dreijährigen Tochter Anna nicht die Vorstellung geben wollte, dass die verstorbene Großmutter »in den Himmel« gekommen sei. Doch dann stirbt auch die Großmutter eines anderen Kindes: »Aber im Gegensatz« zu unserer Großmutter war »diese glückliche Frau, wie ihr Enkel erklärte, geradewegs in den Himmel gekommen, der, wie sich herausstellte, noch immer genau da war, wo ich ihn als Kind zurückgelassen hatte und wohin er nach Annas Dafürhalten … offenbar auch gehörte: direkt über uns, außer Sichtweite, über den Wolken«.[8]

Eine Untersuchung mit (katholischen) Eltern in der Schweiz hat die Unsicherheit von Eltern ebenfalls sehr deutlich gemacht. Hier werden u.a. folgende Überlegungen und Fragen von Eltern berichtet:

»Es gibt auf dieser Welt soviel Trauriges; so bleibt für mich die Existenz Gottes in Frage gestellt, und ich lebe deshalb in einem Zwiespalt; wie kann ich von daher meinen Kindern etwas vormachen«?
»Da wir in Sachen Religion selbst stark verunsichert sind, können wir sie auch nicht weitergeben.«
»Für mich, und ich glaube auch für viele andere …, ist es heute einfach ein großes Problem. Wie bereite ich mein Kind auf die Religion vor, wenn man selber nicht ganz davon überzeugt ist vom Glauben an Gott?«[9]

»… wenn man selber nicht ganz davon überzeugt ist vom Glauben an Gott«, wie kann man dann christlich erziehen? So oder so ähnlich denken wohl viele Eltern und wünschen sich zum Teil, wie diese Studie zeigt, Hilfe von Seiten der Kirche oder auch des Religionsunterrichts – für die Klärung des eigenen Glaubens, für die religiöse Erziehung der Kinder oder auch ganz praktisch für die Gestaltung von Festen. Solche Empfindungen und Selbsteinschätzungen sind einerseits sehr verständlich. Sie verweisen auf die in der Erziehung immer wieder aufbrechende Notwendigkeit, eigene Positionen zu klären. Gleichwohl belegen sie auch ein problematisches Verhältnis zu offenen Fragen und religiösen Zweifeln, die nur als Hindernis wahrgenommen werden und nicht auch als Chance.

Fragen und Zweifel: Gefährdung oder Chance der religiösen Erziehung?

Die bislang berichteten Beispiele von Erzieherinnen und Eltern stimmen darin überein, dass sich Fragen oder Zweifel und eine wirksame religiöse Erziehung wechselseitig ausschließen. Wer selber viele Fragen hat, kann demnach nicht mehr religiös erziehen. – Bei dieser Sichtweise wird unausgesprochen eine bestimmte Vorstellung von religiöser Erziehung vorausgesetzt: Erwachsene, die über bestimmte Antworten verfügen, geben diese weiter an die Kinder, damit diese sie möglichst unverändert übernehmen. Bei dieser Vorstellung ist dann klar: Je weniger sichere Antworten den Erwachsenen zur Verfügung stehen, desto weniger können sie auch an die Kinder weitergeben.

Meines Erachtens ist es lohnenswert und sogar dringend notwendig, diese Vorstellung von religiöser Erziehung selbst in Frage zu stellen und ein verändertes Verständnis zu entwickeln. Noch ganz unabhängig von Glaube oder Religion werden Erziehungsvorgänge heute kaum einmal mehr so einlinig verstanden, dass Erwachsene einfach etwas Festliegendes an die Kinder weitergeben. Erziehung erscheint heute vielmehr zunehmend als ein wechselseitiger Prozess, an dem nicht nur die Erwachsenen, sondern auch die Kinder und Jugendlichen aktiv beteiligt sind und in den sie ihre eigenen Auffassungen und Verstehensweisen einbringen. Daraus erwächst dann auch eine veränderte Bewertung von Fragen und Zweifeln. Demnach machen Fragen und Zweifel die Erziehung nicht etwa schwieriger – sie gelten nun gerade als Motor des Lernens!

Übertragen auf die religiöse Erziehung könnte dieses veränderte Verständnis von Erziehung und Lernen etwa bedeuten, dass Erwachsene und Kinder gemeinsam über existenzielle Fragen und Zweifel nachdenken und gemeinsam im Gespräch nach Antworten suchen. Ein Problem für die religiöse Erziehung ist dabei weniger ein Erwachsener, der selber nicht über fertige Antworten verfügt – problematisch sind vielmehr solche Erwachsene, die selber keine Fragen mehr haben und die deshalb auch nicht mehr auf Fragen der Kinder hören wollen oder können.

Das Gefühl, auf Grund eigener Unsicherheit und offener Fragen nicht religiös erziehen zu können, erwächst auch aus einem – verfehlten – Verständnis von Glauben als bloßer Zustimmung und fragloser Gewissheit. Nach biblischem Verständnis ist der christliche Glaube aber weder eine Frage von Dogmen, die akzeptiert werden müssten, noch ist er einfach mit dem Glaubensbekenntnis der Kirche gleichzusetzen. Glauben im biblischen Sinne ist zuerst eine lebendige Beziehung zu Gott – eine Beziehung, die Höhen und Tiefen kennt, Gewissheit und Zweifel, Lob und Klage. Und in heutiger Sicht könnte man sogar sagen, dass offene Fragen zum Glauben allererst befähigen. Wer in seinem Leben keine Fragen mehr hat, braucht keinen Glauben!

So gesehen liegt in der Situation von Unsicherheit und in einer fragenden Haltung von Erwachsenen durchaus eine Chance für eine kindgerechte religiöse Erziehung und für ein Verständnis, das den Glauben nicht mit einem Vorratsmagazin fertiger Antworten verwechselt. Am Ende des zweiten Teils werden wir diese Chance deshalb in einem eigenen Kapitel hervorheben.

3. »Mein Kind soll selber entscheiden!« – oder: Wie weit reicht das Selbstbestimmungsrecht des Kindes?

Die Frage, wie weit das Selbstbestimmungsrecht des Kindes reicht und in welchem Maße Erwachsene durch Erziehung die Zukunft des Kindes bestimmen dürfen, stellt sich heute ganz allgemein – in der Erziehung ebenso wie etwa beim Scheidungsrecht, wenn es um die Zugehörigkeit des Kindes zu Vater oder Mutter geht. Bei der religiösen Erziehung erfährt diese Frage jedoch noch einmal eine Zuspitzung – wie wir sehen werden, ein in sich selbst bemerkenswerter Umstand.

»Wenn das Kind selber will«: Ziele der religiösen Erziehung in der Sicht von Eltern

Wie gehen Eltern mit der Frage nach dem Selbstbestimmungsrecht des Kindes bei der religiösen Erziehung um? Die Tendenz geht eindeutig in Richtung von Freiheit und Autonomie des Kindes.
Die bereits erwähnte Untersuchung des Schweizerischen Pastoralsoziologischen Instituts kommt hier zu folgendem Ergebnis:

>»Konstant und beinahe überall wird aber die grössere *Freiheit* der religiösen Erziehung und Sozialisierung betont, sicher in Abhebung vom selber erfahrenen Zwang und Druck in der eigenen Kindheit. Diese Freiheitlichkeit äussert sich etwa in Formulierungen wie: ohne Zwang zum Beten, ohne Verpflichtung zum Kirchenbesuch, ohne Einschüchterung durch Strafen, durch Liebesentzug des ›Christkindes‹ usw. Hier hat sich eine wohltuende Liberalisierung der Erziehung auch auf den religiösen Bereich ausgewirkt, der gerade nicht mehr als Verstärkung der elterlichen Autorität aufgeboten und negativ besetzt wird«[10].

»Freiheit« ist demnach die übergreifende Norm, an der Eltern sich bei der religiösen Erziehung ausrichten wollen. Darin sehen sie eine Konsequenz der beschriebenen Abgrenzung von der eigenen religiösen Sozialisation, die weithin mit »Zwang« assoziiert wird. Zugleich belegt das Zitat die ebenfalls bereits erwähnte theologische bzw. religionspädagogische Bewertung dieses Wandels im Erziehungsstil, der hier als »wohltuende Liberalisierung der Erziehung« bezeichnet werden kann.
Ein solcher Wandel im Erziehungsstil lässt sich auch an den in Deutschland durchgeführten Mitgliedschaftsuntersuchungen der Evangelischen

Kirche aus den 70er und 80er-Jahren beobachten.[11] Hier wurden die Eltern jeweils gefragt, wie sie eine Teilnahme ihres Kindes am Kindergottesdienst beurteilen. Der Kindergottesdienst als solcher wird weder in den 70er- noch in den 80er-Jahren von den Eltern in Frage gestellt. »Nur 1% der Befragten ... wären ausdrücklich dagegen, wenn ihr Kind zur Kinderkirche ginge«. Was sich hingegen verändert hat, ist »die Bereitschaft, durch eigenes Eingreifen die kirchliche Erziehung an dieser Stelle auch aktiv zu unterstützen«: »Anders als noch vor 10 Jahren empfindet mancher es inzwischen als autoritär, ein Kind zum Kindergottesdienst ›hinzuschicken‹ oder zu sagen ›es soll gehen‹ – man will die Entscheidung lieber dem Kinde selbst überlassen«. Auch bei diesem Beispiel, der Teilnahme am Kindergottesdienst, geht der Trend also hin zu einer eigenen Entscheidung des Kindes, die die Eltern achten wollen.

Aufschlussreich sind in dieser Hinsicht darüber hinaus die in den 90er-Jahren durchgeführten Interviews mit solchen Mitgliedern der evangelischen Kirche, die nach eigenen Angaben »wenig oder gar nichts mit der Kirche zu tun haben«.[12] Auch in diesen Interviews ist wiederholt von der »Freiheit« und der »eigenen Entscheidung« der Kinder im Blick auf Glaube und Religion die Rede. Sehr eindrücklich ist beispielsweise das Gespräch mit einer 42-jährigen Mutter von zwei Kindern aus dem Ruhrgebiet. Immer wieder betont sie, dass ihre Tochter sich »selber entscheiden soll«. Bei der Frage der Kindertaufe habe dies für sie zu einem Konflikt zwischen widersprüchlichen Wünschen geführt – nämlich zwischen der Selbstbestimmung des Kindes auf der einen und dem für das Kind gewünschten »Schutz Gottes« auf der anderen Seite. Die Mutter berichtet:

»Ich war mir mit der Taufe zum Beispiel auch nicht ganz klar. Denn die Kirche sagt ja zum Beispiel, das Kind wird aufgenommen in die kirchliche Gemeinschaft, wenn es getauft wird. Also wird auch unter den Schutz Gottes gestellt ... Und dann war mir eigentlich immer klar, mein Kind entscheidet selber. Und dann mußte ich mich aber erst hinterfragen, ja, sollte ich sie wirklich selber entscheiden lassen, denn wenn ich sie jetzt nicht unter die Obhut Gottes stelle, unter welcher Obhut ist sie denn dann? Nur unter meiner Obhut, oder unter der Obhut womöglich des Teufels oder der schlechten Einflüsse? Und ich bin aber dann doch dabei geblieben, daß ich mir gesagt hab', das soll sie selber entscheiden«.[13]

Auf das Taufverständnis, das Gottes Schutz für das Kind von der Taufe abhängig macht, will ich hier nicht weiter eingehen. Für unseren Zusammenhang ist dieser Bericht deshalb so eindrücklich, weil er zeigt, wie selbst im Konflikt der von der Mutter als widersprüchlich wahrgenommenen Wünsche, einerseits die eigene Entscheidung des Kindes zu achten und andererseits doch den »Schutz Gottes« für das Kind zu erreichen, am Ende die Entscheidung deutlich für das Selbstbestimmungsrecht des Kindes ausfällt: »Und ich bin aber dann doch dabei geblieben, dass ich mir gesagt hab', das soll sie selber entscheiden«! Im Zweifel wird für das Selbstbestimmungsrecht entschieden.

Aus christlicher Sicht ist eine verstärkte Orientierung von Eltern oder Erzieherinnen am Selbstbestimmungsrecht des Kindes auch bei der religiösen Erziehung zu bejahen. Es entspricht dem christlichen Glauben, wenn er nicht einfach anerzogen werden soll, sondern als eigene Lebensentscheidung geachtet wird. Insofern ist der Wandel des religiösen Erziehungsstils als Fortschritt zu bewerten. Dieser Bewertung widerspricht es auch nicht, wenn theologisch gesehen der Glaube immer ein Geschenk Gottes bleibt. Denn dies darf ja gerade nicht so verstanden werden, dass die Kirche oder die Eltern über den Glauben des Kindes bestimmen könnten. Zugleich ist aber auch festzuhalten, dass eigene Entscheidungen in Glaubensfragen besonders im Kindesalter der pädagogischen Begleitung bedürfen. Dies gilt bereits deshalb, weil Kinder nicht über etwas entscheiden können, was sie gar nicht kennen. Wie beispielsweise sollen sie überhaupt darauf kommen, in den Kindergottesdienst gehen zu wollen, wenn sie noch nie dort waren? So gesehen muss religiöse Erziehung dem Kind zwar immer schon ein Recht auf Selbstbestimmung eröffnen, zugleich aber muss Erziehung auch aktiv dazu beitragen, dass die Fähigkeit zur Selbstbestimmung allererst entstehen kann. Das Kind bei allen Entscheidungen allein lassen – das ist noch kein Gewinn!

Von hier aus lässt sich die Grenze zwischen einem zu begrüßenden freiheitlichen Erziehungsstil und einer problematischen, weil am Ende bloß gleichgültigen Einstellung der Eltern genauer bestimmen. Aus Freiheitlichkeit wird offenbar dann Gleichgültigkeit, wenn die eigene Entscheidung des Kindes bloß immer wieder betont, nicht aber nach der Ausbildung von Entscheidungsfähigkeit gefragt wird. Eine erste Antwort auf die Frage, wie weit das Selbstbestimmungsrecht des Kindes reichen soll, lässt sich dann so formulieren: Das Selbstbestimmungsrecht des Kindes ist auch bei der religiösen Erziehung durchweg zu wahren, aber zwischen Freiheit des Kindes und religiöser Erziehung muss kein Widerspruch bestehen. Vielmehr entspricht religiöse Erziehung gerade dann dem Selbstbestimmungsrecht des Kindes, wenn sie eigene Entscheidungen des Kindes nicht bloß voraussetzt, sondern aktiv – und durch entsprechende Vorgaben – zur Entwicklung von Entscheidungsfähigkeit beiträgt.

Freie Wahl zwischen den Religionen als Erziehungsziel? Einsichten aus der pädagogischen Tradition

Der Wunsch, das Selbstbestimmungsrecht des Kindes bei der religiösen Erziehung zu achten, wird nicht erst von Eltern oder Erzieherinnen in der Gegenwart formuliert. Schon am Beginn der modernen Pädagogik in der Aufklärungszeit wird dieses Verständnis eindrucksvoll vertreten – vor allem durch den »Vater der modernen Pädagogik«, wie Jean-Jacques Rousseau manchmal bezeichnet wird. In seinem berühmten Erziehungsroman »Emile« (1762) vertritt er die Forderung, auf jede religiöse Erziehung in der Kindheit zu verzichten, weil die Fähigkeit zu einer reflektierten Wahl zwischen den Religionen frühestens mit dem Jugendalter erreichbar sei. Der »natürlich« erzogene Mensch finde am Ende auch bei der Religion selbst den richtigen Weg, sofern ihn eine zu früh einsetzende religiöse Erziehung daran nicht hindert. Wie Rousseau schreibt:

»Wir aber, die das Joch der Religion in jeder Beziehung abschütteln, die der Autorität nichts einräumen, die Emil nichts lehren wollen, was er nicht in jedem Land von selbst lernen könnte, in welcher Religion werden wir ihn erziehen? In welche Sekte werden wir unseren natürlichen Menschen eingliedern? Die Antwort scheint mir sehr einfach zu sein. Wir führen ihn weder in die eine noch in die andere ein, aber wir setzen ihn instand, die zu wählen, zu der ihn der richtige Gebrauch seiner Vernunft führen muß«.[14]

Bereits hier, am Anfang der modernen Pädagogik, begegnen wir also der bis heute immer wieder wiederholten Absicht, religiöse Überzeugungen nicht von »Autorität« abhängig zu machen, sondern sie ganz in die als freie Wahl aufgefasste Entscheidung des Kindes oder, bei Rousseau: des Jugendlichen zu stellen.

Die bei Rousseau in gleichsam klassischer Form formulierte Idee der *Freiheit durch Verzicht auf religiöse Erziehung* in der Kindheit ist nun

72

aber in der Geschichte der Pädagogik auf ebenso klassische Einwände gestoßen. Auf religiöse Erziehung in der Kindheit im Sinne einer Begleitung des Kindes könnte demnach nur unter der Voraussetzung verzichtet werden, dass Kinder nicht auch von sich aus religiöse Fragen hätten. Wenn hingegen, wie wir im ersten Teil dieses Buches gezeigt haben, zumindest potenziell religiöse Fragen im Leben der Kinder ganz unvermeidlich aufbrechen, ist ein Verzicht auf religiöse Erziehung in der Kindheit nur als Ablehnung oder Ausblendung solcher Fragen denkbar. Dies aber wäre eine Beeinträchtigung der Entwicklung des Kindes. Wie der Pädagoge und Theologe Friedrich Schleiermacher zugespitzt sagt: Wenn Kinder auf einseitig rationale Weltzugänge festgelegt werden sollen, werden sie »völlig betrogen um ihren Sinn«.[15] Eine wichtige Seite ihres Lebens wird unterdrückt.

Die Auffassung, eine freie Wahl zwischen verschiedenen Religionen lasse sich dadurch erreichen, dass auf religiöse Erziehung in der Kindheit verzichtet wird, erweist sich im Übrigen schon rein praktisch als illusionär. Sie ist vergleichbar mit dem Wunsch, ein Kind möge das Land, in dem es leben möchte, selbst wählen. Unter heutigen Voraussetzungen internationaler Mobilität ist dieser Wunsch ein Stück weit zu bejahen. Erfüllen lässt er sich aber niemals so, dass das Kind bis zum Erreichen einer entsprechenden Entscheidung in *keinem* Land aufwächst. Wer das Kind in dieser Hinsicht entscheidungsfähig machen und eine Wahl ermöglichen möchte, wird dafür sorgen, dass das Kind in seinem Aufwachsen Bekanntschaft mit anderen Ländern und anderen Nationalitäten schließen kann. Ein vollständiger Verzicht auf die Prägung durch ein bestimmtes Land – eben das, in dem das Kind aufwächst – ist ausgeschlossen. Ähnlich lässt sich auch ein reflektiertes Verhältnis zu den verschiedenen Religionen und eine Entscheidung für oder gegen sie nicht durch einen Verzicht auf religiöse Erziehung gewährleisten. Ein Kind, das in Deutschland oder Europa aufwächst, wird unweigerlich durch die christliche Prägung von Kultur und Geschichte beeinflusst. Dem religiösen Selbstbestimmungsrecht des Kindes kann daher nur so entsprochen werden, dass religiöse Erziehung dem Kind ein reflektiertes Verhältnis zu solchen Einflüssen ermöglicht, damit es im Jugend- oder Erwachsenenalter eine bewusste Entscheidung für oder gegen die christliche Tradition zu treffen vermag.

Selbstbestimmungsrecht des Kindes und Recht auf Religion: ein Gegensatz?

An dieser Stelle könnte nun kritisch zurückgefragt werden, ob unsere Argumentation nicht darauf hinausläuft, das Recht des Kindes auf Religion seinem Recht auf Selbstbestimmung überzuordnen. Für ein Buch, das das Recht des Kindes in den Vordergrund stellt, ist dies ein Einwand von erheblichem Gewicht. Wer vom Recht des Kindes spricht, der darf die Selbstbestimmung des Kindes gewiss nicht übergehen.

Trifft es aber zu, dass zwischen dem Selbstbestimmungsrecht des Kindes und dem Recht auf Religion ein Gegensatz bestehen muss? Dies wäre doch nur dann der Fall, wenn religiöse Erziehung als solche dem Selbstbestimmungsrecht des Kindes widersprechen würde. Wir haben aber bereits gesehen, dass religiöse Erziehung, wie wir sie hier verstehen, das Selbstbestimmungsrecht des Kindes gerade insofern unterstützt, als sie eine Entscheidungsfähigkeit ermöglicht, die ohne Erziehung nicht denkbar ist. Die Fähigkeit zu reflektierten Entscheidungen, so ist deutlich geworden, erwächst nicht aus einem Verzicht auf religiöse Erziehung, sondern aus einer angemessenen Form der religiösen Erziehung. Was dies hinsichtlich der Gestaltung und hinsichtlich der Ziele von religiöser Erziehung bedeutet, soll nun noch etwas weiter ausgeführt werden.

Religiöse Erziehung oder Begleitung, die das Selbstbestimmungsrecht des Kindes wahren will, kann niemals Indoktrination sein. Stattdessen ist sie in Form und Zielsetzung auf religiöse Mündigkeit anzulegen, was nur so geschehen kann, dass Kinder durchweg bei der Ausbildung eigener Urteils- und Entscheidungsfähigkeit unterstützt werden. Was dies für die Praxis der religiösen Erziehung im Einzelnen heißt, wird uns im dritten Teil des Buches beschäftigen. Schon an dieser Stelle sei hervorgehoben, dass die Unterstützung des Kindes bei der Ausbildung eigener Urteils- und Entscheidungsfähigkeit alle Formen von Erziehung ausschließt, die gegen die Anerkennung des Kindes als Subjekt verstoßen, indem sie es nur von außen beeinflussen – also beispielsweise durch Zwang, Strafe und Drohungen, aber auch durch Einreden und Überreden usw. All dies verträgt sich nicht mit einer freiheitlichen religiösen Erziehung. Mit dem Ausschluss solcher »Erziehungs«-Mittel soll nicht behauptet werden, dass das Leben mit Kindern immer harmonisch sein könnte. Zwang, Strafe, Drohungen usw. kommen im Umgang mit Kindern immer vor. Gerade für die religiöse Erziehung jedoch sind andere Wege erforderlich, eben weil Kinder selbst zum Glauben finden sollen.

Das Selbstbestimmungsrecht des Kindes und sein Recht auf Religion kommen dann zusammen, wenn beide im Sinne einer Erziehung zur Mündigkeit verstanden werden. Wenn Mündigkeit keine Floskel sein soll und wenn tatsächlich religiöse Mündigkeit das Ziel der religiösen Erziehung ist, schließt dies ein, dass Kinder sich später auch *gegen* eine bestimmte Glaubensrichtung oder auch *gegen* jede Religionszugehörigkeit entscheiden können. Wenn religiöse Erziehung diesem Ziel gerecht werden will, hat dies Folgen für ihre gesamte Gestalt: Durchweg ist zu bedenken, welche Kenntnisse und Erfahrungen Kinder brauchen, damit sie später eine reflektierte Entscheidung für oder eben auch gegen eine bestimmte Glaubensüberzeugung treffen können. Darüber hinaus muss den Kindern bewusst werden, dass sie zu einer solchen Entscheidung befähigt – und *berechtigt* – sein sollen.

Für manche Eltern und Erzieherinnen mag dies herausfordernd oder sogar widersprüchlich klingen. Würde das nicht bedeuten, dass sich die religiöse Erziehung selbst abschafft? Dass Kinder sich am Ende der Erziehung auch gegen das entscheiden können, was ihnen von den Erwachsenen als Lebensziel vor Augen gestellt wurde, gehört aber mit Notwendigkeit zum modernen Verständnis von Erziehung, das für Mündigkeit als Erziehungsziel eintritt. Dabei wird nicht ausgeschlossen, dass Kinder erfahren, was Eltern und Erzieherinnen als gut und erstrebenswert ansehen. Erziehung zur Mündigkeit ist aber nur um den Preis zu haben, dass die selbstständig gewordene jüngere Generation anders entscheiden kann, als die ältere Generation es sich wünscht.

4. Neue Chancen im Wandel von Erziehung und Familie

Zu Beginn dieses Teiles über die Schwierigkeiten, die Erwachsene heute im Blick auf religiöse Erziehung erfahren, haben wir die These formuliert, dass die Auseinandersetzung mit solchen Schwierigkeiten auch Chancen für eine kritische Erneuerung der religiösen Erziehung enthält.

Darauf kommen wir nun noch einmal zurück. Was genau ist mit dieser These gemeint?

Nur unter drei Bedingungen ...

Meines Erachtens lassen sich die beschriebenen Schwierigkeiten Erwachsener bei der religiösen Erziehung in Form von Bedingungen ausdrükken, von deren Erfüllung heutige Erwachsene die Möglichkeit religiöser Erziehung abhängig machen. So gesehen sind es drei Bedingungen, die eine in der Sicht von Eltern oder Erzieherinnen akzeptable religiöse Erziehung erfüllen muss:

(1) Religiöse Erziehung nur in kritischer Auseinandersetzung mit der eigenen Biografie! Schlechte Erfahrungen mit religiöser Erziehung in der eigenen Biografie werden erinnert und sollen sich im eigenen Umgang mit Kindern heute nicht wiederholen. So oder so ähnlich formulieren es heute Eltern ebenso wie Erzieherinnen. Positiv ausgedrückt schließt diese Bedingung zweierlei ein: Zum einen darf religiöse Erziehung niemals bedeuten, dass nun doch einfach diejenigen Formen von religiöser Erziehung, die schon in der eigenen Kindheit als einengend und bedrückend erfahren wurden, wiederholt werden sollen oder gar müssen. Den Kindern soll eine freiere Form der Erziehung geboten werden. Zum anderen muss religiöse Erziehung den Erwachsenen selber Raum geben für eine kritische Auseinandersetzung mit der eigenen Biografie.

Für Elternseminare oder für Angebote der religionspädagogischen Fortbildung mit Erzieherinnen könnte dies etwa bedeuten, dass hier immer auch Bausteine vorgesehen sind, die auf die Lebensgeschichte der Erwachsenen Bezug nehmen und dieser Raum geben. So kann es bei solchen Seminaren also nicht einfach um die Vermittlung von Methoden oder Inhalten für die religiöse Erziehung gehen. Auch wenn diese natürlich weiterhin bedeutsam bleiben, müssen sie doch jeweils in einen biografischen Horizont gestellt werden.

Zur Auseinandersetzung mit der eigenen Lebensgeschichte gehört dann auch die Frage nach dem Kinderglauben, von dem sich viele in mehr oder weniger konflikthafter Weise verabschiedet haben – durch einen Abschied, mit dem für viele auch die bewusste Auseinandersetzung mit

Glaubensfragen aufgehört hatte. Was kann jetzt – angesichts der großen Fragen der Kinder – an die Stelle dieses Glaubens treten? Wie könnte ein Erwachsenenglaube aussehen? Und welche Antworten können den Kindern dann gegeben werden?

Dies führt direkt weiter zu der zweiten Forderung:

(2) Nicht unter Verleugnung eigener Fragen und Zweifel! Die Auffassung, dass Unsicherheit, Fragen und Zweifel im Blick auf den eigenen Glauben der religiösen Erziehung im Wege stehen müssen, ist weit verbreitet. Wie wir gesehen haben, ist die mit dieser Auffassung verbundene Vorstellung von religiöser Erziehung aber selbst fragwürdig und überholt. Sie rechnet nicht mit dem Kind als einem selbst aktiven Gegenüber, das selbst Fragen und Deutungsweisen einbringt – sie beruht vielmehr auf der Idee, dass Kindern festliegende Auffassungen einfach nur weitergegeben werden sollen oder könnten. Positiv formuliert lässt sich sagen, dass Fragen und Zweifel zu einem wichtigen Motiv für religiöse Erziehung werden können – für eine fortgesetzte Suche nach Antworten im Gespräch zwischen Erwachsenen und Kindern. Dabei können Fragen und Zweifel der Erwachsenen ebenso wichtig sein wie Fragen und Zweifel der Kinder, die nach heutigem Verständnis weit früher auftreten, als gemeinhin angenommen wurde. Der Glaube der Kinder ist keineswegs bloß Ausdruck einer heilen Kinderwelt!

Weder in der Familie noch im Kindergarten oder auch im Religionsunterricht kann oder soll von Erwachsenen erwartet werden, dass sie etwas vertreten, was sie nicht selber glauben. Kinder haben hier im Übrigen ein sehr feines Gespür dafür, was Erwachsene wirklich bewegt und was sie bloß so »für die Kinder« sagen. Falsch wäre es freilich auch, wenn die Erwachsenen jedes Wort in einer biblischen Geschichte oder jede Strophe eines religiösen Liedes erst auf die Goldwaage legen wollten, bevor sie den Kindern eine Geschichte erzählen oder ein Lied mit ihnen singen. Es geht nicht um einzelne Formulierungen, sondern um eine veränderte Gesamthaltung in der religiösen Erziehung, deren Offenheit für Zweifel und Fragen neu zu gewinnen ist.

Diese Offenheit für Fragen und Zweifel – bei den Kindern wie bei den Erwachsenen – ist auch die Voraussetzung dafür, dass die Erwachsenen wieder Zugang zum Glauben in der eigenen Lebensgeschichte gewinnen können. Die Suche nach tragfähigen Grundlagen für ein sinnerfülltes

Leben kann gerade für Erwachsene nur in einer Atmosphäre von Offenheit und Freiheit wieder oder neu in Gang kommen.[16]

(3) Nur wenn das Selbstbestimmungsrecht des Kindes gewahrt bleibt! Dass schon das Kind in Fragen des Glaubens und im Blick auf die Beteiligung an religionspädagogischen Angeboten selber bestimmen soll, ist die von heutigen Erwachsenen weithin geteilte Überzeugung. Auch das Recht des Kindes auf Religion oder religiöse Begleitung, das wir vertreten, kann nur in dem Maße einsichtig werden, als es dem Selbstbestimmungsrecht des Kindes nicht widerspricht. Auch dies lässt sich positiv ausdrücken: Alle religiöse Erziehung muss so gestaltet sein, dass sie das Selbstbestimmungsrecht des Kindes achtet und, wo möglich, die Selbstbestimmung des Kindes unterstützt und auszubilden hilft.

Es versteht sich von selbst, dass damit alle Formen von Zwang oder gar Indoktrination von vornherein ausscheiden müssen – Formen, die freilich auch nicht als religiöse »Erziehung« anzusprechen sind, sondern als Zerrbilder oder Fehlformen bezeichnet werden müssen. Kinder dürfen nicht überredet oder überwältigt werden, sondern sollen sich mit Gründen überzeugen lassen oder Freude gewinnen an Erfahrungen mit biblischen Geschichten, mit Liedern und Gebeten. Auch dies darf nicht missverstanden werden: Gemeint ist nicht eine bloß vordergründig »positive Stimmung« oder ein sog. »positives Denken«, die ja deshalb so fragwürdig sind, weil sie jeder ernsthaften Grundlage entbehren. Gemeint ist vielmehr eine religiöse Erziehung, die Kinder auf Grund ihrer eigenen Erfahrungen und eigenen Einsichten wachsen und ihr religiöses Interesse gedeihen lässt.

So gesehen bilden diese drei Bedingungen nicht nur kein Hindernis für religiöse Erziehung – vielmehr sind sie sowohl pädagogisch und psychologisch als auch religionspädagogisch und theologisch ausdrücklich zu bejahen. Sie entsprechen einem erneuerten Verständnis der religiösen Erziehung, wie es heute in der Religionspädagogik weithin vertreten wird.

Erneuerung der religiösen Erziehung im Horizont persönlicher Biografie

Als Erstes ist hier festzuhalten, dass auch dort, wo in Theologie und Religionspädagogik wissenschaftlich über religiöse Erziehung nachgedacht und wo entsprechende Modelle entwickelt werden sollen, schlechte Erfahrungen und Schwierigkeiten mit religiöser Erziehung heute genau beachtet werden. Dies lässt sich als eine Art Qualitätskontrolle verstehen: Wie auch sonst in Pädagogik oder Psychologie gehört es gerade zu den Pflichten der Religionspädagogik, sich über mögliche negative Folgen oder Fehlformen und Fehlentwicklungen Rechenschaft zu geben. Nur durch die sorgfältige Prüfung der Ursachen für solche Fehlentwicklungen oder negative Folgen lässt sich die Qualität der religiösen Erziehung gewährleisten.

Dabei ist weiterhin zu bedenken, dass sich die wissenschaftliche Religionspädagogik seit Jahren um eine stärkere Berücksichtigung der biografischen Perspektive bemüht.[17] Im Gespräch besonders mit der Entwicklungspsychologie und der Psychoanalyse, aber auch in der Praxis der religiösen Erziehung selbst ist die Bedeutung biografischer Perspektiven immer deutlicher geworden. Dabei ist zum einen an die Kinder zu denken: Religiöse Erziehung muss Schritt halten mit der religiösen Entwicklung des Kindes; sie muss sensibel sein für die Erfahrungen und Krisen, die schon früh im Leben von Kindern auftreten. Gemeint ist aber auch die Biografie der Erwachsenen, deren Glaubensgeschichte eng mit der Lebensgeschichte zusammenhängt und deren Lebenskrisen existenzielle Dimensionen aufweisen. Auch die Frage abgebrochener – und wieder neu aufzunehmender – religiöser Biografien kommt dabei in den Blick. Wenn sich die wissenschaftliche Religionspädagogik damit deutlich den von heutigen Eltern und Erzieherinnen vertretenen Bedingungen für religiöse Erziehung angenähert hat, so ist dies wohl nicht einfach Zufall. Es verweist vielmehr darauf, dass sich beide, Theorie und Praxis, Wissenschaft und Alltag, in Abhängigkeit von derselben geschichtlichen Situation verändern.

Nicht nur die Erziehung und nicht nur die Religionspädagogik hat sich aber gewandelt, sondern auch die Auslegung des christlichen Glaubens in der Theologie. Die Vorstellung, dass die Theologie abstraktes Katechismuswissen produziere und auf lebensfernen Lehrsätzen insistiere, trifft zumindest auf große Teile der Theologie nicht zu. Erscheinungen wie der von der katholischen Kirche vorgelegte »Weltkatechismus« sagen weniger über die Theologie als über eine praxisferne Kirchenleitung und über die Politik des römischen Papstes. Schon seit Jahren haben namhafte evangelische und katholische Theologen herausgestellt, wie eng

Glaube und Lebenserfahrung zusammengehören. Der katholische Theologe Karl Rahner hat die Auffassung vertreten, dass wir als Theologen »zunächst vom Menschen zu reden haben«.[18] Die evangelischen Theologen Gerhard Ebeling und Eberhard Jüngel bezeichnen den Glauben überhaupt als »Erfahrung mit der Erfahrung«.[19] Der christliche Glaube soll den Lebenserfahrungen nicht abstrakt gegenüberstehen, sondern soll auf diese Erfahrungen bezogen sein, sie aufnehmen und neu verstehen lassen. Eine religiöse Erziehung, die diesem Verständnis von Theologie und Glaube gerecht werden will, kann die biografischen Voraussetzungen von Kindern und Erwachsenen nicht übergehen. Zugespitzt formuliert: Die Erneuerung der religiösen Erziehung im Horizont persönlicher Biografie entspricht ebenso sehr den Bedürfnissen heutiger Erwachsener, wie sie zugleich aus dem Wandel der wissenschaftlichen Religionspädagogik und der Theologie erwächst.

Was schwierig bleibt: Keine überhöhten Erwartungen an Familie oder Erziehungseinrichtungen!

Damit es nicht scheint, als sollten hier alle Schwierigkeiten bloß schöngeredet und als sollten Eltern und Erzieherinnen am Ende doch nur mit zusätzlichen Erwartungen überlastet werden, muss an dieser Stelle auch erwähnt werden, was heute schwierig bleibt. Es wäre gewiss falsch, das Recht des Kindes auf Religion und religiöse Begleitung einfach als einen moralischen Anspruch gegenüber Eltern und Erzieherinnen ins Feld zu führen. Vielfach sind es ja nicht einfach Schwierigkeiten inhaltlicher Art, die dazu führen, dass eine religiöse Begleitung des Kindes unterbleibt. In vielen Familien grassiert heute vielmehr die Erscheinung von Zeitdruck und Zeitstress – einer Vielfalt von Anforderungen, Terminen und Verpflichtungen, denen sich Mütter oder Väter manchmal kaum mehr gewachsen fühlen. Auf die Ursachen solcher Erfahrungen soll hier nicht weiter eingegangen werden. Es muss aber deutlich sein, dass Eltern und Familien vielfach nicht im Stande sind, allein für die Aufgabe einer religiösen Begleitung des Kindes einzustehen. Eltern brauchen Unterstützung, bei der Erziehung allgemein und vielleicht sogar besonders bei der religiösen Erziehung. Können hier Erziehungseinrichtungen wie beispielsweise der Kindergarten oder Angebote der Kirche weiterhelfen?

Ohne Zweifel gehört es zu den Aufgaben des Kindergartens, die Familien bei der Erziehung dort zu unterstützen, wo diese selbst überfordert sind. Das gilt auch für die religiöse Erziehung. Insofern ist es berechtigt, wenn Eltern sich vom Kindergarten auch einen Beitrag zur religiösen Begleitung des Kindes erwarten. Gleichwohl ist darauf hinzuweisen, dass auch der Kindergarten heute unter einer Vielfalt und unter einer Vielzahl sich steigernder Erwartungen zu leiden hat. Auch vom Kindergarten darf deshalb nicht erwartet werden, dass er allein alle Aufgaben der religiösen Erziehung übernehmen kann.

So erwächst aus dem Recht des Kindes auf Religion am Ende nicht zuletzt eine Anfrage und Verpflichtung für Kirche und Gemeinde. Finden Kinder heute die Kirche, die sie brauchen? Wird die Kirche dem Kind gerecht? Was kann und soll eine Gemeinde den Kindern bieten? – Auf diese Fragen kommen wir am Ende des nächsten Teils wieder zurück.

Mit Kindern das Leben erfahren und bedenken: Konturen einer neuen Praxis

1. Das Recht des Kindes und die Praxis der religiösen Erziehung

In diesem dritten Teil des Buches geht es um Konsequenzen für die Praxis, und damit noch einmal um eine entscheidende Frage. Denn das Recht des Kindes auf Religion und religiöse Begleitung ist zuerst eine praktische Frage. Nur wenn wir sagen können, wie die Praxis dem Kind gerecht zu werden vermag, besteht Aussicht darauf, dass diesem Recht auch eine Wirklichkeit entspricht. Und nur wenn dabei deutlich wird, dass vom Verständnis religiöser Begleitung als Recht des Kindes auch neue Impulse für die Praxis der religiösen Erziehung ausgehen, können wir uns dem Vorwurf entziehen, es gehe bei alldem am Ende doch bloß wieder um schöne Worte. So kann es im Folgenden auch nicht um eine Wiederholung all jener mehr oder weniger guten Ratschläge gehen, die in entsprechenden Büchern längst zu finden sind. Der Akzent wird vielmehr durchweg auf der Frage liegen müssen, bei welcher Praxis der religiösen Erziehung das Kind wirklich zu seinem Recht kommt. Der Umkreis der Themen, die wir dabei aufgreifen, ist bewusst so gezogen, dass neue Ansätze wie die »Theologie mit Kindern« zum Zuge kommen, dass aber auch die eher traditionellen Formen wie das Erzählen biblischer Geschichten und das Beten mit Kindern neu beleuchtet werden. Am Ende wird dann die besonders schwierige Frage stehen, ob Kinder bei alldem auch Kirche brauchen.

Zunächst aber sollen in übergreifender Form noch einmal die beiden Richtungen verdeutlicht werden, in die zu denken ist, wenn Religion als Recht des Kindes verstanden wird.

Keine Erziehung ohne Religion!

Wenn Religion oder religiöse Begleitung ein Recht des Kindes ist, dann gehört Religion notwendig zur Erziehung mit hinzu. Damit ist natürlich nicht gemeint, dass religiöse Fragen zwanghaft bei jeder Gelegenheit eine Rolle spielen müssten. Dies wäre das Gegenteil von kindgemäßer religiöser Erziehung, und es würde am Ende bloß Überdruss und Übersättigung erzeugen.

Gemeint ist vielmehr, dass kein Erziehungsangebot vollständig sein kann, wenn die religiöse Dimension dabei keine Berücksichtigung erfährt. Die angemessene Berücksichtigung der religiösen Dimension kann dabei aber nicht in erster Linie an einzelnen Handlungen festgemacht werden: Es wäre beispielsweise völlig verfehlt, wollte man einfach die biblischen Geschichten zählen, die einem Kind im Laufe der Jahre erzählt werden, oder wollte man die Qualität religiöser Erziehung einfach daran bemessen, wie häufig mit dem Kind gebetet wurde. Berücksichtigung der religiösen Dimension von Erziehung bedeutet vielmehr an erster Stelle eine veränderte Gesamthaltung gegenüber dem Kind – eine Haltung, die im Kind ein Gegenüber zu erkennen vermag, das religiöse Fragen hat, das nicht nur in der Welt des sinnlich Fassbaren und mit Händen Greifbaren lebt, sondern das sich auch in einem viel weiterreichenden Orientierungsraum von Sinnentwürfen und Sinnerfahrungen bewegen möchte.

Wie Eltern mit diesem Orientierungsraum praktisch umgehen sollen, lässt sich in allgemeiner Form nicht festlegen und schon gar nicht vorschreiben. Für manche Familien mag der richtige Weg nach wie vor bei der biblischen Gute-Nacht-Geschichte und dem Gute-Nacht-Gebet vor dem Einschlafen liegen. Andere, deren Zeitorganisation am Abend vielleicht solche Gelegenheiten kaum mehr zulässt, werden stattdessen andere Wege suchen – das Gespräch über Fragen von Leben und Sterben bei der Fahrt zum Einkaufen, die Frage nach Gott auf dem Heimweg von Kinderturnen oder Fußballplatz, das Gespräch über eine Reaktion des Kindes beim Fernsehen usw. All dies können wichtige Ansatzpunkte für die religiöse Begleitung des Kindes sein. Wichtige Fragen brechen häufig gerade dann auf, wenn keiner sie eingeplant hat. Deshalb lohnt es sich, auf solche überraschenden Fragen zu achten und sich die Zeit zu nehmen, darüber gemeinsam mit dem Kind nachzudenken. Es ist wichtig, dass das Kind spürt, dass seine Eltern offen sind für Gedanken und Probleme, die den Erwachsenen zunächst gar nicht wichtig scheinen.

Die Forderung »Keine Erziehung ohne Religion« gewinnt noch eine andere Bedeutung, wenn sie auf Einrichtungen wie den Kindergarten oder die Schule bezogen wird.[1] Für die Schule unterstreicht sie die Bedeutung eines Angebots wie des Religionsunterrichts auch schon in der Grundschule. Die Notwendigkeit von Religionsunterricht ist zu Recht weithin anerkannt. Schwieriger ist die Situation beim Kindergarten. Hier ist heute nicht mehr ohne weiteres klar, wieweit religiöse Erziehung zu seinem Auftrag und zu seiner Praxis gehören kann. So wird beispielsweise darauf verwiesen, dass die Kinder heute religiös sehr unterschiedlich geprägt sind. Wenn wir vom Recht des Kindes auf Religion her denken, liegt darin freilich kein Einwand gegen religiöse Erziehung im Kindergarten. Stattdessen wachsen mit der Vielfalt in der Zusammensetzung der Kindergruppe auch die Orientierungsaufgaben für das Kind und für die Erziehung im Kindergarten.

Mit einem neuen Ansatz *Kinder brauchen Hoffnung – Religion im Alltag des Kindergartens*[2] haben wir versucht, eine auf diese Situation zugeschnittene Form der religiösen Erziehung im Kindergarten zu entwickeln. Im Zentrum steht auch dabei die Frage nach dem Recht des Kindes und nach Religion, wie sie im Alltag des Kindergartens fassbar wird. Der dort vorgeschlagene Weg einer zeitgemäßen religiösen Erziehung im Kindergarten versteht sich als religionspädagogisch verantwortlicher Umgang mit Dimensionen der Gestaltung, wie sie in jedem Kindergarten vorhanden sind – etwa mit Raum und Zeit, bei menschlichen Beziehungen oder beim Erzählen. Bei allen diesen Dimensionen des Lebens und der Arbeit mit Kindern soll das Recht auf religiöse Begleitung wahrgenommen werden.

Bei dem zuletzt genannten Ansatz für den Kindergarten wird bereits deutlich, dass wir nun auch nach dem Zusammenhang zwischen dem Recht des Kindes und den Formen der religiösen Erziehung fragen müssen.

Keine religiöse Erziehung ohne Achtung vor dem Kind!

Ist es überflüssig, Achtung vor dem Kind zu fordern? Manchen mag das so erscheinen. Aber ist das so sicher?
Von Janusz Korczak stammt ein wichtiger Text über das »Recht des Kindes auf Achtung«.[3] Einige Sätze aus diesem Text möchte ich hier wiedergeben:

»Von frühester Kindheit an wachsen wir in dem Gefühl auf, daß das Große mehr Bedeutung hat als das Kleine.

›Ich bin groß‹ freut sich das Kind, wenn man es auf einen Tisch stellt. – ›Ich bin größer als du‹, stellt es stolz fest, wenn es neben einem Gleichaltrigen steht und seine Größe an ihm mißt ...
Achtung und Bewunderung erweckt nur das, was groß ist und mehr Platz einnimmt. Klein – das bedeutet alltäglich und wenig interessant. Kleine Leute, kleine Bedürfnisse, kleine Freuden und kleine Traurigkeiten«.

Vor diesem Hintergrund fordert Korczak Achtung vor dem Kind wie vor einem »Fremdling«:

»Das Kind ist wie ein Fremdling, es versteht die Sprache nicht, es kennt den Verlauf der Strassen nicht, kennt die Gesetze und Bräuche nicht. Manchmal möchte es selbst entdecken; wenn es schwierig wird, bittet es um Hinweis und Rat. Es braucht jemanden, der es leitet und seine Fragen beantwortet. Wir sollten seine Unwissenheit achten! ...
Wir sollten seine Wißbegierde achten!
Wir sollten auch seine Mißerfolge und Tränen achten!«

All dies fasst Korczak zusammen im »Recht des Kindes zu sein, was es ist«. Eben darum geht es auch, wenn wir religiöse Erziehung vom Kind her verstehen wollen. Denn nun muss sie so gestaltet sein, dass drei in der Vergangenheit immer wieder eingetretene Missverständnisse oder Fehlentwicklungen endgültig ausgeschlossen sind:
– *Religiöse Erziehung ist kein Recht der Kirche*: Kirche hat zwar das Recht und auch die Pflicht, Angebote der religiösen Erziehung für Kinder zu machen. Religiöse Erziehung geschieht aber nicht deshalb, weil die Kirche darauf einen Anspruch hätte. In der Vergangenheit ist manchmal gesagt worden, dass aus der Kindertaufe ein Rechtsanspruch der Kirche auf religiöse Erziehung erwachse.[4] Nach heutigem Verständnis ist diese Auffassung abzulehnen: Zum einen entspricht es nicht dem Selbstverständnis von Kirche, gegenüber Kind oder Familie Rechtsansprüche zu erheben oder gar einzuklagen; zum anderen würde das Verhältnis zwischen Kirche und Familie durch ein solches Anspruchsdenken unnötig belastet. Religiöse Erziehung ist ein Recht des Kindes, nicht ein Recht der Kirche.
Für die Praxis der religiösen Erziehung bedeutet dies, dass sie nicht einfach Erziehung zur Kirchlichkeit sein kann und dass sie schon gar nicht auf Eingliederung in die Kirche zielen darf. Als religiöse Beglei-

tung folgt religiöse Erziehung vielmehr der Entwicklung des Kindes. Dabei kann – wie wir noch sehen werden – auch Kirche eine wichtige Rolle spielen, aber Kirche bestimmt niemals allein über Sinn und Notwendigkeit der religiösen Erziehung.

– *Religiöse Erziehung ist kein Recht des Staates*: Bis in unsere Gegenwart hinein ist religiöse Erziehung immer wieder mit dem Interesse an gesellschaftlicher Ordnung oder mit dem Wunsch nach Steigerung von Arbeitstugenden und Leistungsmotivation begründet worden. Im Vordergrund stehen dann nicht die Fragen oder Sehnsüchte der Kinder, sondern es geht allein um die Ausbildung eines Wertebewusstseins.

Auch die hier geforderte religiöse Erziehung als Recht des Kindes kann zum friedlichen Zusammenleben in der Gesellschaft beitragen, nicht zuletzt durch Befähigung zu religiöser Toleranz. Sie kann sich aber nicht auf Werterziehung beschränken und kann die Fragen des Kindes nicht nur dann aufnehmen, wenn es unter dem Gesichtspunkt staatlicher oder gesellschaftlicher Erwartungen wichtig scheint. Die Fantasie des Kindes, seine Fragen nach Sinn, seine Suche nach Geborgenheit und Gewissheit haben in der Erziehung Vorrang vor den Ansprüchen des Staates oder der Wirtschaft.

– *Religiöse Erziehung ist kein Recht der Erwachsenen*: Bei den Vereinbarungen zum »Schutze der Menschenrechte und Grundfreiheiten« ist zwar auch davon die Rede, dass Eltern das Recht haben, »die Erziehung und den Unterricht entsprechend ihren eigenen religiösen und weltanschaulichen Überzeugungen sicherzustellen«.[5] Aber dieses Recht, das hier den Eltern zugesprochen wird, ist nicht als Recht gegenüber den Kindern zu verstehen. Es geht vielmehr vor allem um ein Abwehrrecht gegenüber einem Staat, der die Eltern in religiösen und weltanschaulichen Fragen bevormunden will, wie dies in der Vergangenheit auch in Deutschland immer wieder der Fall war.

Im Blick auf die Kinder ist hier an die Argumente von Janusz Korczak zu erinnern, die wir am Anfang dieses Abschnitts wiedergegeben haben: Die Erwachsenen sind immer wieder versucht, die Kinder nur nach ihrem Bilde und nach dem Bilde ihrer Erwartungen zu formen. Auf diese Weise wird dem Kind die Achtung verweigert. Wenn das von Korczak formulierte »Recht des Kindes zu sein, was es ist«, auch für die religiöse Erziehung gelten soll, wenn das eigene Entdecken und Entdecken-Wollen des Kindes auch in religiösen Fragen ein Recht besitzt, dann dürfen Erwachsene nicht einfach über den Glauben und die Kirchen- oder Religionszugehörigkeit von Kindern verfügen wollen. Religiöse Erziehung muss dann vielmehr so angelegt sein, dass sie – wie wir im zweiten Teil des Buches formuliert haben – die Selbstbestimmungsfähigkeit des Kindes auch dadurch stützt, dass keine irreversiblen Entscheidungen für das Kind getroffen werden.

Um nicht missverstanden zu werden, erinnere ich auch daran, dass religiöse Erziehung i.S. von Selbstbestimmungsfähigkeit keineswegs einen Verzicht auf religiöse Erziehung bedeutet. Das Kind wird nicht dadurch entscheidungsfähig, dass es von allen Glaubensfragen freigehalten wird. Wenn religiöse Erziehung nicht als Recht der Erwachsenen, sondern als Recht des Kindes verstanden werden soll, wird hervorgehoben, dass religiöse Erziehung trotz der bei aller Erziehung unvermeidbaren Festlegungen ihr Ziel doch darin haben soll, dem Kind zunehmend eigene Entscheidungen zu ermöglichen.

2. Kinderphilosophie – Kindertheologie?

Es ist inzwischen fast schon alltäglich geworden, von *Kindern als Philosophen* zu sprechen, und auch das *Philosophieren mit Kindern* wird bis hinein in die Medien stark wahrgenommen. Noch immer anders steht es mit einer *Kindertheologie* als einer *Theologie mit Kindern*. Die Verbindung von Kind und Theologie klingt fremd, geradezu unwahrscheinlich oder wenigstens unpassend: Theologie sei doch eine Wissenschaft, die Kindern gar nicht zugänglich ist! Dennoch soll im Folgenden deutlich werden, dass gerade in der Kindertheologie – im theologischen Nachdenken und im Gespräch mit Kindern – eine vom Recht des Kindes auf Religion her begründete neue Form der Praxis besonders plastisch hervortritt. Da das Philosophieren mit Kindern viele Anstöße zu einer solchen Praxis der religiösen Erziehung einschließt, setzen wir zunächst beim Philosophieren mit Kindern ein.

Mit Kindern philosophieren

In Deutschland ist die Kinderphilosophie besonders durch das Buch von Hans-Ludwig Freese »Kinder sind Philosophen« bekannt geworden.[6] Freese plädiert dafür, die Fragen der Kinder ernst zu nehmen, eben weil sie oft Grundfragen des menschlichen Daseins betreffen. Er möchte insbesondere »den Eltern Mut machen, gemeinsam mit ihren Kindern über fundamentale Fragen nachzudenken«. Was damit gemeint ist, belegt eindrücklich die Reihe von Beispielen, die Freese zusammengetragen hat:

»Aufmerksamen und verständigen Eltern und Lehrern ist schon immer aufgefallen, daß sich in manchen scheinbar naiven Fragen und Bemerkungen ihrer Kinder ein tieferes Nachdenken über Probleme äußert, die im weitesten Sinne als ›philosophische‹ bezeichnet werden können: ›Was war ich, bevor ich geboren wurde?‹, ›Hat die Zeit einen Anfang?‹, ›Was war, bevor Gott die Welt geschaffen hat?‹, ›Erlebe ich das, was ich jetzt erlebe, wirklich, oder ist das nur ein Traum oder wie im Film?‹, ›Wozu leben wir?‹, ›Können Tiere/Computer denken oder fühlen wie wir?‹, ›Warum gibt es Leiden und das Böse auf der Welt?‹, ›Gibt es etwas, worüber ich ganz sicher sein kann?‹, ›Was ist ›wirkliche Freundschaft?‹, ›Muss man immer die Wahrheit sagen?‹, ›Was sind Gedanken?‹, ›Ist alles vorherbestimmt?‹, ›Existieren die Dinge auch, wenn ich nicht auf sie hinsehe?‹, ›Ist das Nichts wirklich?‹, ›Kann ich das Nichts denken oder mir vorstellen?‹«

Wie an dieser Aufzählung leicht zu erkennen ist, handelt es sich um sog. »schwierige Kinderfragen« – um solche Fragen, auf die auch Erwachsene nicht ohne weiteres eine Antwort zu geben wissen. Im Alltag werden solche Fragen deshalb häufig übergangen, sei es aus Gründen des Zeitdrucks oder weil Fragen, auf die wir keine Antwort wissen, leicht in uns ein ungutes Gefühl entstehen lassen. Damit aber, das hat die Kinderphilosophie überzeugend nachgewiesen, verspielen wir eine große Chance, mit Kindern über grundlegende Fragen nach dem Leben nachzudenken.

Ein weiteres Hindernis, das Erwachsene dem philosophischen Fragen und Denken des Kindes in den Weg legen, besteht in einer raschen Antwort aus Erwachsenensicht. Gewiss: Die Frage »Woher weiß ich, dass ich jetzt nicht bloß träume?« lässt sich schnell damit beantworten, dass sich das Kind doch einmal richtig in den Arm zwicken soll – so würde es schon aufwachen, wenn es träumte und schliefe. Aber woher wissen die

Erwachsenen eigentlich, dass es nicht auch möglich wäre, bloß zu träumen, man zwicke sich jetzt in den Arm ...?

Zudem stehen die Fragen der Kinder wie auch die der Erwachsenen zumeist in einem ganz bestimmten Zusammenhang, auf den wir als Erwachsene sorgfältig achten müssen. Warum beispielsweise will das Kind gerade jetzt wissen, dass es nicht träumt? Welche vielleicht dahinter verborgene weitere Frage möchte es beantwortet sehen? Nur wenn wir uns mit unserem Denken und Antworten auf das Kind einstellen, können wir zu Partnern im Gespräch mit Kindern werden. Der Schweizer Pädagogin und Philosophin Eva Zoller ist Recht zu geben, wenn sie schreibt: »Wer mit Kindern philosophieren will, muß bereit sein, selbst einzutauchen in die Welt der ungelösten Fragen, muß versuchen, viele (scheinbare!) Selbstverständlichkeiten mit kindlich unverbrauchten Augen nochmals neu anzusehen, und keinesfalls geht es ohne die Überzeugung, daß Kinder ernstzunehmende Gesprächspartner für uns Erwachsene sind«.[7]

Wenn Kinder so als »Gesprächspartner« für Erwachsene bezeichnet werden, dann sind nicht nur die Erwachsenen Lehrer des Kindes, sondern wird auch das Kind zum Lehrer für Erwachsene. Erwachsene können von Kindern und mit Kindern lernen, sie können auf neue Fragen stoßen und im Gespräch neue Antworten finden.

Wie kommt das Philosophieren mit Kindern in Gang? Wie kann es praktiziert werden? Die Vertreter der Kinderphilosophie lehnen sich hier gerne an den griechischen Philosophen Sokrates an und sprechen von der »Hebammenkunst«. Fragen und Rückfragen von Erwachsenen können Kindern helfen, ihre Gedanken zu ordnen und ihre Fragen weiterzuverfolgen. Am Anfang steht dabei vielfach eine Frage des Kindes selbst – eine Frage, wie sie oft ganz unvermittelt aufbricht: »Warum können Tiere nicht sprechen?«, »Warum müssen Menschen sterben?« – Doch ist es nicht immer ausreichend, auf entsprechende Kinderfragen bloß zu warten, wenn Kinder zum Philosophieren ermutigt werden sollen. Deshalb werden auch Geschichten, Kinderbücher oder Texte eingesetzt, an die sich ein philosophisches Gespräch anschließen kann. Darüber hinaus finden – etwa bei H.-L. Freese und E. Zoller – kreative und spielerische Methoden Anwendung, bei denen beispielsweise die Sinneswahrnehmung geschult und das Staunen, Zweifeln und Fragen als Ausgangspunkt philosophischen Denkens eingeübt werden kann.

Zusammenfassend können wir festhalten, dass das Philosophieren mit Kindern eine Methode darstellt, mit deren Hilfe Kinder zu eigenem Fragen, Denken und Formulieren angeregt werden können. Darüber hinaus unterstreicht die Rede von Kindern als Philosophen, dass Kinder nicht einfach weniger oder schlechter denken als Erwachsene, sondern dass ihr Denken eine eigene, von der der Erwachsenen unterschiedene Logik aufweist, die in ihrem Denken konsequent eingesetzt wird.

Sind Kinder auch Theologen?

Wenn wir fragen, ob Kinder auch Theologen sind oder als solche bezeichnet werden sollen, dann ist von vornherein klar, was damit *nicht* gemeint sein kann: Kinder sind nicht Theologen im Sinne der theologischen Wissenschaft, wie sie an den Universitäten gelehrt und von Erwachsenen studiert wird. Ähnlich wie bei der Philosophie mit Kindern kann gleichwohl gefragt werden, ob Kinder nicht doch eine beachtliche Fähigkeit besitzen, theologisch gehaltvolle Fragen aufzuwerfen und zum Teil auch selbst Antworten zu formulieren – nicht unbedingt allein, aber doch im Gespräch mit Erwachsenen, die sich auf Theologie mit Kindern einlassen.

Der Zusammenhang von Kinderphilosophie und Kindertheologie

Betrachtet man zunächst die Themen, die in den Darstellungen zur Kinderphilosophie empfohlen werden, fällt bereits auf, dass es sich vielfach um Fragen handelt, die ebenso gut als philosophisch wie als theologisch bezeichnet werden können. Schon bei H.-L. Freese finden sich Themen wie etwa »Glück« oder »Zeit«, »Tod«, die Suche nach »Wahrheit« usw. Und E. Zoller spricht ganz ausdrücklich von einem »philosophischen Zugang zu religiösen Fragen« und überschreibt ein ganzes Kapitel mit der Überschrift »Gehören die Engel alle dem Lieben Gott?« Den Ausgangspunkt bilden für sie dort die »berühmt-berüchtigten Kinderfragen, welche die Eltern schwitzen oder je nachdem auch schmunzeln lassen:

– Wohnt der Liebe Gott im Himmel? Wo fängt der Himmel eigentlich an?
– Ist Oma jetzt ein Engel?
– Wenn das Meerschweinchen stirbt, kommt es dann auch in den Himmel?
– Müssen Engel auch atmen? Gibt es denn Luft im Himmel?

- Haben Engel auch Ferien?
- Was hat Gott gemacht, bevor er die Welt ›erfunden‹ hat?
- Hat er wirklich alle Tiere und Menschen selber gemacht? Mich auch?
- Warum hat er bloß die lästigen Mücken gemacht?
- Gehört alles dem Lieben Gott? Warum?
- Wie kann er mich beten hören?
- Wenn Gott alles sieht, warum hilft er denn nicht den hungernden Kindern?
- Ist Gott auch einmal klein gewesen? Ich meine nicht Jesus, sondern den Gott im Himmel droben …«.[8]

Man kann deshalb sagen, dass beim Kind philosophische und theologische Fragen oft so eng miteinander verbunden sind, dass man sie kaum voneinander unterscheiden kann. E. Zoller vertritt zwar die Auffassung, dass trotz aller Nähe zwischen Theologie und Philosophie in der Beschäftigung mit den »Fragen nach Gott und Seele, nach Leben und Tod, nach dem Davor und Danach« Religion am Ende doch »vor allem das überlieferte Glaubensgut und bestimmte Antworten« vermittle, während die »Philosophie mehr auf der fragenden Seite« stehe.[9] Diese Unterscheidung ist aber deutlich aus der Erwachsenenperspektive getroffen. Insbesondere übergeht sie, dass es für Kinder bei ihrer fragenden Erschließung von Wirklichkeit keineswegs um eine distanzierte intellektuelle Beschäftigung geht, sondern um ein Erfassen und Begreifen von Welt – oder besser: von Gott und der Welt. Wo Erwachsene deutlich unterscheiden zwischen einem »bloßen« Reden *über* Gott und einem persönlichen Sprechen *zu* Gott etwa im Gebet, liegt für das Kind beides zunächst dicht beisammen, und zwar je jünger je mehr. Dies ergibt sich m.E. nicht zuletzt daraus, dass jüngere Kinder sich Gott gar nicht anders vorstellen können als so, dass er eine direkte Beziehung zu den Menschen hat und umgekehrt diese sich ebenso direkt auf ihn beziehen können.[10]

Wenn Zoller die Auffassung vertritt, bei der religiösen Erziehung sollten am Ende doch immer nur das »überlieferte Glaubensgut und bestimmte Antworten« vermittelt werden, so wird dabei auch übergangen, dass religiöse Erziehung jedenfalls im christlichen Sinne niemals in der bloßen Weitergabe festliegender Inhalte und festliegender Antworten bestehen kann. Im Zentrum steht für sie nicht einfach die Tradition als ein Wissensbestand, sondern vielmehr der Glaube als persönliche Beziehung zu Gott, die niemals mit einer festliegenden Antwort verwechselt werden darf.

Ein wichtiger Unterschied zur Kinderphilosophie wird für eine Kindertheologie gleichwohl darin bestehen, dass Theologie immer großen Wert auf die Darbietung insbesondere von biblischen Geschichten legen wird. Es wird nicht davon ausgegangen, dass Kinder alle wichtigen Fragen des Lebens irgendwann einmal ganz von selbst entdecken werden. Und nicht nur wichtige Fragen, auch wichtige Antworten werden der biblischen Überlieferung zugetraut, niemals aber so, dass sie einfach als festliegende Antworten vorgeschrieben oder vermittelt werden könnten. – Doch sollten auch in dieser Hinsicht die Unterschiede zwischen Kinderphilosophie und Kindertheologie nicht unnötig und in überspitzter Form hervorgehoben werden. Auch die Kinderphilosophie bedient sich zahlreicher Geschichten und Materialien: Märchen werden hier eingesetzt, Sprichwörter, Kindergeschichten, auch die Erzählungen aus der jüdischen Überlieferung (Chassidim) sowie ausgesprochen religiöse Geschichten und Legenden.

Auch der Pädagoge Jürgen Oelkers geht von einem engen Zusammenhang zwischen Kinderphilosophie und Kindertheologie aus.[11] Er ist der Auffassung, »daß der Gott der Kinder als *Frage* entsteht und daß an dieser Frage alle Antworten letztlich scheitern«. Die Gottesvorstellung ergebe sich für Kinder nämlich aus der Eigenart ihrer eigenen Frage. Die Frage müsse einen Widerspruch – eine »Paradoxie«, wie Oelkers sagt – annehmbar machen: »die Paradoxie des vorstellbar Unvorstellbaren«. Anders als die Erwachsenen, die solche Paradoxien und widersprüchlichen Fragen gerne verdrängen, leben Kinder mit solchen Fragen und lassen sich von ihnen immer wieder aufs Neue bewegen.

Oelkers geht so weit, dass er auch den späteren Glauben Erwachsener von der »Radikalität von Kinderfragen« abhängig sieht:

»Erwachsene könnten die Radikalität von Kinderfragen weder imitieren noch selbst hervorbringen. Sie sind darauf angewiesen, daß sie als Kinder schon einmal so gefragt haben, aber sie sind zugleich darauf angewiesen, daß sie definitive Antworten *nicht* haben finden können. Das Problem des Glaubens hängt im wesentlichen von dieser Antwortverweigerung ab: Gäbe es gültige Antworten, wäre die Frage nach dem Anfang und dem Ende der Welt durch *Wissen* zu erledigen«.

Daher ist Oelkers dann auch der Auffassung, dass religiöse Erziehung gerade nicht in der Weitergabe festliegender Antworten bestehen kann, sondern in gewisser Weise von der »Antwortverweigerung« abhängig bleibt:

Was Kinder »als Gottesidee herausbilden, ist nie die Übernahme des Kirchengottes von gläubigen Erwachsenen. Es ist Gott als Frage, nicht als Antwort, oder anders: Weil die Erwachsenen nicht verläßlich sagen können, was Gott ›ist‹ oder ob und wie es ihn ›gibt‹, ist nur die Frage selbst akzeptabel. Sie wird so gelernt, daß sie gegen *Antworten* immun sein kann. Anders könnte sie nicht das ganze nachfolgende Leben beunruhigen. Nur die Antwortverweigerung gibt der Frage bleibenden Sinn«.

Gemeint ist also nicht, dass Kindern, wenn sie nach Gott fragen, jede Antwort verweigert werden sollte. Keineswegs! Aber alle Antworten müssen so sein, dass sie die – stets weiter treibende – Frage nach Gott nicht überflüssig oder langweilig werden lassen, so als ob sich Gott einfach in einer Definition einfangen ließe.

In dieselbe Richtung – gegen die Vermittlung von Gottesbildern durch Erwachsene – weisen auch die schon vor Jahren von dem englischen Religionsforscher Edward Robinson gesammelten Erfahrungsberichte Erwachsener mit ihrer religiösen Erziehung.[12] Immer wieder klagen die Erwachsenen darüber, dass religiöse Erziehung nicht ihre Fragen und Erfahrungen aus der Kindheit weitergeführt habe, sondern stattdessen nur darauf bedacht gewesen sei, einen Gott zu vermitteln. Dieser Gott aber sei den Kindern als »Kirchengott« auf Dauer fremd geblieben.

Am weitesten in Richtung einer überzeugenden Theologie mit Kindern reichen bislang ohne Zweifel die von dem englischen Religionspädagogen John Hull berichteten Gespräche mit Kindern.[13] Eines der von ihm berichteten Beispiele sei deshalb an dieser Stelle wiedergegeben:

»*Erstes Kind* (5 Jahre, 2 Monate): Ist Gott die Luft?
Vater/Mutter: Nein, Gott ist nicht die Luft, aber er ist ein bißchen wie Luft.
Zweites Kind (3 Jahre, 9 Monate): Ist Gott die Zimmerdecke?
Vater/Mutter: Nein, Gott ist nicht die Zimmerdecke, aber er ist ein bißchen wie die Zimmerdecke
Erstes Kind: Ist er ein dickes, rundes Baby?
Vater/Mutter: Nein, er ist kein rundes Baby, aber er ist ein bißchen wie ein kleines Kind, weil er ganz frisch und neu ist.
Zweites Kind: Ist er unsichtbar?
Vater/Mutter: Ja, das ist er.
Erstes Kind: Ist er wie ein dickes, rundes Baby mit Flügeln, das durch die Luft fliegt? *(allgemeines Gelächter)*
Vater/Mutter: Gott ist ein bißchen wie viele Dinge, aber er ist nicht genau wie irgend etwas.

Zweites Kind: Warum nicht?
Vater/Mutter: Weil Gott einzigartig ist. Gott hat überhaupt keine feste, bestimmte Gestalt.
Erstes Kind: Warum hat er keine Gestalt?
Vater/Mutter: Weil Gott eine Art Idee ist. Haben Vorstellungen eine Gestalt?
Erstes Kind: (Pause, dann Lachen) Nein.
Vater/Mutter: Siehst du, Gott ist ein bißchen wie eine ganz mächtige Idee«.

Es ist sehr eindrücklich, wie J. Hull hier mit Kindern ins Gespräch kommt, indem er sie und ihre kindlichen Auffassungen so ernst nimmt wie die von Erwachsenen. Ja, mehr noch: Er spricht mit den Kindern wie mit Theologen, weil er ihnen die Kraft und Fähigkeit eigenen Denkens auch im religiösen Bereich zutraut.

Dies bedeutet freilich nicht, dass in solchen Gesprächen nicht auch eine erzieherische Absicht zum Zuge kommen könnte. Im vorliegenden Beispiel beabsichtigt der Vater bzw. die Mutter offenbar, das Kind auf den übertragenen Charakter von Gottesbildern aufmerksam zu machen. Oder, wie J. Hull es selbst beschreibt: »Wenn man Kinder soweit bringen kann, daß sie im Gespräch über Gott das Wörtchen ›wie‹ gebrauchen, ist der Weg frei für Vergleiche aller Art. Der Vater oder die Mutter stimmte zu, daß Gott ein bißchen so ist wie die Zimmerdecke, zum Teil, um das jüngere Kind nicht zu entmutigen, zum Teil aber auch, weil Gott tatsächlich als über uns, höher als wir oder als der, dessen Hände behütend über uns gebreitet sind, gedacht werden kann«.

Sind Kinder auch Theologen? Meines Erachtens sind sie es zumindest in dem Sinne, dass ihnen die Fähigkeit zugetraut werden kann, mit ihren eigenen Denkmöglichkeiten auch eigene Antworten auf Glaubensfragen zu finden. Theologie mit Kindern kann dann nur bedeuten, die Kinder eben darin zu ermutigen und zu bestätigen, ihre Erfahrungen und Fragen, ihren Glauben und ihre Zweifel sprechend und denkend selber zum Ausdruck zu bringen.

Religiöse Erziehung als Gespräch: Praktische Möglichkeiten

Die Bedeutung des Gesprächs, des Sprechens mit Kindern, wird in Büchern über religiöse Erziehung in aller Regel nur wenig gewürdigt. Dies ist aus mehreren Gründen bedauerlich: Gerade im Gespräch kommt das

partnerschaftliche Verhältnis zwischen Erwachsenen und Kindern besonders deutlich zum Ausdruck. Deshalb rücken wir es hier weit nach vorne.
Und wenn Kinder tatsächlich als kleine Philosophen angesprochen werden können und wenn sie in ihren eigenen theologischen Bemühungen
unterstützt werden sollen, dann kommt dem Gespräch gewiss eine wichtige Rolle zu.

Aber wie kommen Gespräche über religiöse Fragen mit Kindern in Gang?
Welche praktischen Wege gibt es? Drei Möglichkeiten scheinen mir besonders wichtig:

– *Auf die Fragen der Kinder achten*: Immer wieder haben wir gesehen,
  dass Kinder selbst religiöse Fragen stellen. Damit machen sie oft von
  sich aus das erste Angebot für Gespräche mit Eltern oder Erzieherinnen.
  Solche Fragen werden aber oft nur leise ausgesprochen. Hier treten Kinder nicht mit einem lauten »Ich will aber …!« auf, sondern eher mit
  einem vorsichtig-zögernden »Warum eigentlich …?« Die Erwachsenen
  sind deshalb besonders herausgefordert, solche Fragen auch wirklich zu
  bemerken und Gespräche nicht vorschnell durch rasche Antworten ab-
  zubrechen.

  Die im ersten Teil des Buches herausgearbeiteten Fragen können dabei
  die Richtung angeben, in der Erwachsene besonders sensibel hören
  müssen: *Wer bin ich und wer darf ich sein?* (Die Frage nach mir selbst)
  – *Warum musst du sterben?* (Die Frage nach dem Sinn des Ganzen) –
  Wo finde ich Schutz und Geborgenheit? (Die Frage nach Gott) – *Warum
  soll ich andere gerecht behandeln?* (Die Frage nach dem Grund ethischen Handelns) – *Warum glauben manche Kinder an Allah?* (Die Frage nach der Religion der anderen).Wo sich für das Kind in diesem Umkreis Fragen anbahnen, lohnt es sich, vorsichtig nachzufragen und so
  dem Kind zu helfen, seine Fragen erst wirklich deutlich zu artikulieren.
  Ähnlich wie bei der Kinderphilosophie geht es auch hier um eine Art
  Hebammenkunst – nicht nur um geduldiges Warten auf die Fragen der
  Kinder, sondern auch um ein, wie man sagen könnte, unterstützendes
  und herausforderndes Hören.

– *Geschichten zu Gesprächsanlässen machen*: Auch wenn wir die Bedeutung der eigenen Fragen der Kinder besonders hervorheben, soll
  dies nicht heißen, dass Kinder in der Lage wären, von sich aus alle
  wichtigen Fragen des Lebens zu finden und zu stellen. Das wäre ähn-

lich, wie wenn wir erwarten wollten, dass jedes Kind das Rad neu erfinden würde! Besonders geeignete Anlässe zum Gespräch mit Kindern enthalten Geschichten, wie Kinder sie sich gerne erzählen oder vorlesen lassen. Auch biblische Geschichten, von denen im nächsten Kapitel gesprochen werden soll, gehören dazu. Solche Geschichten enthalten bereits in sich selbst wichtige Anstöße – sie bringen das Kind zum Nachdenken über Situationen und Erfahrungen, über die das Kind sonst vielleicht noch nicht nachgedacht hat: Alleinsein, sich freuen, streiten und sich versöhnen, Krankheit, Sterben, Verlust eines Menschen usw. Für die religiöse Erziehung ist es aber wichtig, dass über das Vorlesen oder Erzählen hinaus dem Kind Gelegenheit gegeben wird, seine Wahrnehmungen und Gedanken zu dem Gelesenen oder Gehörten zu äußern: Wie findest du, dass das Kind das jetzt so macht? Warum erzählt Jesus diese Geschichte? Was ist dir wichtig an dieser Geschichte? Warum gefällt sie dir? usw. Manchmal lohnt es sich auch zu fragen, wie das Kind selber in einer beschriebenen Situation gehandelt hätte oder ob es nun vielleicht selber sagen kann, wie die Geschichte wohl weitergeht oder weitergehen sollte.

– *Kirchen- und Museumsbesuche als Chance für religiöse Erziehung*: In vielen Familien gehören Kirchen- und Museumsbesuche fest zum Ferien- und Wochenendprogramm. Besonders in alten Kirchen, aber auch in Museen, in denen oft Bilder mit religiösen Motiven zu sehen sind, finden Kinder zahlreiche Anlässe zum Fragen: Warum ist das so gemalt? Wer ist der Mann, der hier abgebildet ist, wer die Frau, die hier als Statue steht?[14]

Auch hier gilt, dass beides wichtig ist: dass die Kinder selber fragen, aber auch dass wir den Kindern Fragen stellen, sie auf Dinge hinweisen oder ihr Verständnis prüfen (»Weißt du eigentlich, was …?«).

In Los Angeles hat die jüdische Religionspädagogin Esther Netter ein eigenes Kindermuseum eingerichtet, in dem zahlreiche Gegenstände des religiösen Brauchtums im Judentum ausgestellt sind.[15] Das Museum ist so aufgebaut, dass Kinder ihren Eltern Fragen stellen sollen und die Eltern zugleich Hilfen finden, wenn sie keine Antwort wissen. – Im Anschluss besonders an 5. Mose 6,20: »Wenn dich nun dein Sohn morgen fragen wird: Was sind das für Vermahnungen, Gebote und Rechte, die euch der Herr, unser Gott, geboten hat?« spielen die Fragen der Kinder im Judentum auch sonst eine wichtige Rolle bei der religiösen Erziehung.

Es gibt gewiss noch mehr Möglichkeiten und Gelegenheiten, mit Kindern über ihre »großen Fragen« ins Gespräch zu kommen. Immer aber werden wir feststellen, dass solche Gespräche nicht nur für Kinder, sondern auch für uns als Erwachsene eine große Bereicherung sein können. Wie wir im ersten Teil des Buches gesagt haben: Es gibt »Fenster in der Kinderwelt«, durch die zu schauen sich für Kinder und Erwachsene gleichermaßen lohnt. Wenn wir uns diese Fenster von Kindern neu zeigen lassen, dann erwächst daraus auch für uns die Chance für ein bewussteres Leben – für ein sinnvolleres und erfüllteres Leben.

3. Biblische Geschichten: Können Kinder die Bibel auslegen?

Es mag auf den ersten Blick erstaunlich scheinen, wenn in diesem Teil des Buches, in dem es doch um eine *neue Praxis* der religiösen Erziehung gehen soll, nun »doch wieder« biblische Geschichten genannt werden. Haben biblische Geschichten bei der religiösen Erziehung nicht schon immer eine wichtige Rolle gespielt? Was soll daran neu sein?
Tatsächlich ist – gerade in den letzten Jahren und Jahrzehnten – viel über das Erzählen biblischer Geschichten gesagt und geschrieben worden. Sogar eigene Bücher sind dazu verfügbar.[16] Es gibt Hinweise für Eltern und für den Kindergarten sowie zur Auswahl von Kinderbibeln. All dies soll hier nicht wiederholt werden. Vielmehr soll es im Folgenden darum gehen, auch das Erzählen biblischer Geschichten in den Horizont einer religiösen Erziehung einzuzeichnen, die beim Recht des Kindes einsetzt. Dabei wird sich dann auch umgekehrt zeigen, in welchem Sinne eine solche Erziehung auf biblische Geschichten angewiesen bleibt.

Warum biblische Geschichten für Kinder?

Schon zu Beginn dieses Buches haben wir gesehen, wie etwa ein Psychologe wie B. Bettelheim entschieden die Auffassung vertreten kann, dass Kinder *Märchen* brauchen. Demnach geben Märchen dem Kind »in Symbolform gekleidete Anregungen« dafür, wie es mit »grundlegenden menschlichen Nöten« und mit »existentiellen« Fragen umgehen kann. *Biblische*

Geschichten hingegen will Bettelheim gerade ausschließen, weil er Religion als moralistisch und dogmatisch ansieht. – Wie wir uns ebenfalls bereits deutlich gemacht haben, ist diese Auffassung Bettelheims vorurteilsbehaftet. Insbesondere der Bibel selbst wird sie nicht gerecht. Dennoch spiegelt sich in Bettelheims Sicht eine Frage auch heutiger Eltern und Erzieherinnen, sodass sie hier eigens aufgenommen werden soll.

Es gehört zu den Grundeinsichten der neueren Theologie, dass biblische Geschichten gerade nicht einfach moralisch belehren wollen und dass sie auch nicht einfach theologische Lehren transportieren. Immer mehr wird hingegen die theologische und pädagogische Bedeutung des Erzählens von Geschichten hervorgehoben, gerade im Unterschied zu einer moralischen oder sonst lehrhaften Unterweisung. Pädagogisch und psychologisch gesehen besteht ein enger Zusammenhang zwischen Geschichten und kindlicher Fantasie. Wie bereits oben gesagt, ist dabei zunächst an die von Kindern selbst erfundenen Geschichten zu denken – an die sog. »Fantasiegeschichten«, die für sie eine »Erkundungsfahrt in eine für die Kinder bessere Möglichkeit« werden können.[17] In diesem Sinne gehören Fantasiegeschichten unabdingbar zur Selbstwerdung des Kindes. Können nun auch biblische Geschichten eine solche Funktion übernehmen?

Wer einmal beispielsweise im Kindergottesdienst oder bei Kinderbibeltagen beobachten konnte, wie Kinder sich spielerisch biblische Geschichten aneignen und geradezu anverwandeln können, wird kaum daran zweifeln, dass auch biblische Geschichten unmittelbar die Fantasie des Kindes ansprechen. Besonders leicht zu sehen ist dies bei Geschichten aus dem Alten Testament – Geschichten aus der Wüste, von Königen und Königskindern, aber auch von Gottesmännern, Propheten und klugen Frauen. Auch Geschichten aus dem Neuen Testament sprechen die kindliche Fantasie an. Besonders eindrücklich ist hier das Beispiel der aus der Montessori-Pädagogik erwachsenen Arbeit des amerikanischen Religionspädagogen Jerome Berryman: Er will den Kindern ermöglichen, *in den biblischen Gleichnissen zu leben.* Deshalb werden bei Berryman die Gleichnisse nicht bloß erzählt, sondern den Kindern werden auch Figuren und Materialien in die Hand gegeben, mit denen sie – unter Anleitung ihrer eigenen Fantasie – beispielsweise die Welt des guten Hirten nach- und ausgestalten können.[18]

Über den Zusammenhang zwischen biblischen Geschichten und kindlicher Fantasie hinaus ist an diejenigen Fragen zu erinnern, die als die großen Fragen der Kinder im ersten Teil des Buches eine wichtige Rolle spielten. Viele dieser Fragen werden in den biblischen Geschichten unmittelbar angesprochen:

- *das Woher und Wohin des Menschen und der Welt* – zum Beispiel in der Schöpfungsgeschichte, in den Erzählungen von Gottes Leitung für Abraham und Mose, in den Geschichten vom Reich Gottes;
- *Tod und Sterben* – zum Beispiel bei Geschichten von Krankheit und Heilung, bei Kreuz und Auferstehung;
- *Werte und Moral* – zum Beispiel in der Erzählung vom barmherzigen Samariter, im Gleichnis vom verlorenen Schaf oder von den Arbeitern im Weinberg;
- *die Frage nach Gott* – diese Frage spielt in fast allen Geschichten der Bibel eine zentrale Rolle.

Natürlich sind nicht alle der hier genannten Geschichten gleichermaßen für Kinder jeder Altersstufe geeignet – manche Themen wie Kreuz und Auferstehung bleiben selbst für viele Erwachsene schwierig. Überhaupt wäre es verfehlt, Kindern möglichst früh möglichst viele biblische Geschichten bekannt machen zu wollen. Das führt letztlich bloß zu Oberflächlichkeit. Behauptet werden soll auch keineswegs, dass biblische Geschichten sämtliche Fragen der Kinder gleichermaßen ansprechen. So ist beispielsweise die Frage nach anderen Religionen zwar auch schon in der Bibel durchaus gegenwärtig, aber doch in einer sehr anderen Weise als in der heutigen Welt der Kinder. Der Islam etwa, der Kindern in Deutschland besonders häufig vor Augen steht, ist überhaupt erst in nachbiblischer Zeit entstanden und kann schon deshalb in biblischen Geschichten nicht vorkommen. Ein Gleichnis wie das vom barmherzigen Samariter enthält gleichwohl auch anregende Fragen, die heute auf das Verhältnis zwischen Christentum und Islam angewendet werden können: Was bedeutet es, wenn in dieser von Jesus erzählten Geschichte gerade derjenige, der einer anderen Form des Glaubens angehört, das rechte tut? Wie wird hier über den Fremden gedacht? usw.

Die bislang angeführten Gründe für das Erzählen biblischer Geschichten für Kinder gelten noch ganz unabhängig von theologischen Argumenten oder christlichen Glaubensüberzeugungen. Biblische Geschichten können selbst dann noch als wichtig für Kinder angesehen werden, wenn man selbst nicht an Gott glaubt. Dies gilt auch für die sog. kulturgeschichtliche Bedeutung biblischer Geschichten, die gerne als Begründung für den Religions- oder Ethikunterricht angeführt wird: Alle Kinder müssen wenigstens eine Anzahl wichtiger biblischer Geschichten kennen, damit sie Kunst und Kultur in Europa überhaupt verstehen können.

Neben solchen allgemeinen Gründen für das Erzählen biblischer Geschichten gibt es nun aber auch Gründe, die aus christlich-theologischer Sicht besonders bedeutsam sind. Dazu noch einige Hinweise.

Nach christlicher Auffassung kommen Kinder nicht dadurch zum Glauben, dass sie plötzlich besondere innere Erlebnisse haben oder dass sie Gott aus ihrer eigenen Wahrnehmung der Natur erkennen. Nach christlichem Verständnis wird Gott vielmehr erst durch die biblische Überlieferung erkennbar. Deshalb sind auch Kinder auf diese Überlieferung angewiesen. Hier hören sie, wie Menschen vieler Generationen ihre Erfahrungen mit Gott gemacht haben – in Ängsten und Not, aber auch in Freude und Freiheit.

Warum die biblischen Geschichten für eine christliche Erziehung so wichtig sind, kann man sich auch an der Bedeutung von Jesus Christus für den Glauben klar machen. Der christliche Glaube ist durchweg auf Jesus Christus bezogen – auf sein Leben und Handeln, auf seinen Tod am Kreuz und auf die durch ihn begründete Auferstehungshoffnung. Eine Bekanntschaft mit der Jesus-Überlieferung ist deshalb unverzichtbar. Sie kann aber nur durch die Weitergabe biblischer Geschichten – durch Erzählen also – erreicht werden. Christlich-theologisch gesehen gehört das Vertrautwerden mit der biblischen Überlieferung deshalb unabdingbar zum Recht des Kindes auf Religion.

Wenn biblische Geschichten für Kinder wichtig sind, so ergibt sich daraus aber noch nicht, auf welche Art und Weise diese Geschichten den Kindern nahe gebracht oder wie Kinder mit biblischen Geschichten umgehen sollen. Der nächste Abschnitt soll darauf neues Licht werfen.

Was heißt »Kinder als Ausleger der Bibel«?

Zwei extreme Auffassungen von Kindern als »Auslegern der Bibel« seien gleich genannt. Zunächst könnte daran gedacht werden, dass Kinder ganz im Sinne der wissenschaftlichen Bibelauslegung unterwiesen werden sollen, damit sie mit deren Bibelverständnis möglichst früh vertraut werden. Dieses Verständnis entspricht einer Pädagogik, die das Lernen der Kinder ganz von der modernen Wissenschaft her bestimmen will. Eine solche Pädagogik wurde vor 30 oder 40 Jahren zum Teil tatsächlich vertreten. Heute begegnet die damit oft verbundene Wissenschaftsgläubigkeit erheblichen Vorbehalten. Zudem wird mit Recht bezweifelt, dass ein solches »wissenschaftsorientiertes« Lernen den Interessen und Fähigkeiten der Kinder entgegenkommt und – noch weiter gehend – dass es überhaupt möglich ist, die religiöse Erziehung in diesem Sinne schon in der Kindheit an der modernen Bibelwissenschaft auszurichten. Die wissenschaftlichen Fragen gehen am Horizont der Kinder vielfach einfach vorbei.

Eine zweite extreme Auffassung liegt heute vielleicht näher als die erste. Sie wird in der Pädagogik »vom Kinde aus« greifbar. In ihrem berühmten, im Jahre 1900 erschienenen Buch »Das Jahrhundert des Kindes« fordert beispielsweise die schon erwähnte schwedische Pädagogin Ellen Key, die Kinder doch endlich mit der Bibel alleinzulassen und sie nicht länger durch biblische Unterweisung oder Unterricht zu gängeln.[19] Die Kinder »sollen sich selbst in die patriarchalische Welt des alten Testaments sowie in die des neuen Testaments einleben ... Dieses Buch wird dem Kinde teuer ..., wenn es sich in Ruhe in die Bibel versenken kann, ohne jegliche dogmatische oder pädagogische Auslegung«. – Die Kinder mit der Bibel alleinlassen – auch diese Auffassung ist längst als Kindheitsromantik durchschaut, als eine Spielart der Vorstellung vom »kindlichen Genie«. Das sich selbst kompetent die Bibel auslegende Kind ist nicht weniger eine Fiktion als das zum Wissenschaftler gewordene Kind. Warum aber sollen dann Kinder überhaupt als »Ausleger der Bibel« bezeichnet werden? Den Anstoß dazu hat in vieler Hinsicht die im letzten Abschnitt beschriebene Kinderphilosophie gegeben. Wenn Kinder tatsächlich über beachtliche Fähigkeiten zu eigenem Durchdenken philosophischer Fragen verfügen, so wurde überlegt, dann sollten vielleicht auch die kindlichen Zugänge zu biblischen Geschichten nicht von vornherein gering geschätzt werden.[20]

In Weiterführung der Philosophie oder Theologie mit Kindern muss es beim Umgang mit biblischen Geschichten darum gehen,

– die Kinder in ihrem Verständnis einer biblischen Geschichte so sorgfältig wahrzunehmen, dass ihre Deutungsweisen erkannt und, so weit als möglich, in ihrem Eigensinn nachvollziehbar werden;

- die Deutungsweisen der Kinder als *ihre* Zugänge zu biblischen Geschichten ernst zu nehmen, d.h. beispielsweise von Kindern geäußerte Deutungen (die denen der Erwachsenen oder auch der wissenschaftlichen Auslegung widersprechen können) nicht einfach berichtigen zu wollen; Kinder haben ein Recht, die ihnen möglichen Auslegungen zum Ausdruck zu bringen;
- Kinder dauerhaft zu eigenem auslegendem Umgang mit biblischen Texten zu ermutigen, was nur gelingen kann, wenn sie von Anfang an den Weg eigenen Entdeckens und Deutens erfahren können und wenn sie im selbstständigen Auslegen ermutigt und unterstützt werden.

Was damit gemeint ist, soll gleich an einem Beispiel weiter verdeutlicht werden. Dieses Beispiel verknüpfen wir aber noch mit einer weiter gehenden Frage von erheblichem Gewicht: *Dürfen Kinder biblische Geschichten auch »unrichtig« verstehen?*

Die Auffassung, dass biblische Geschichten von Kindern auch »unrichtig« verstanden werden dürfen, wird von Klaus und Philipp Wegenast vertreten. Sie wollen damit deutlich machen, dass die Auslegung des Bibeltextes durch das Kind selbst zu leisten ist und dass damit die »auf einer bestimmten Stufe optimal *mögliche* Deutung« Anerkennung verdient, weil sie »eine jetzt ›angemessene‹ ... mögliche Interpretation« darstellt. Erst wenn und sofern diese Deutung zum Ausdruck kommen durfte, können dann auch »Versuche unternommen werden, neue Anstöße und Rückfragen ins Gespräch zu bringen«.[21]

Was Vater und Sohn Wegenast hier im Blick auf den schulischen Religionsunterricht beschreiben, gilt auch sonst für den Umgang mit biblischen Geschichten. Allerdings darf nicht verschwiegen werden, wie groß die Spannung zwischen dem, was eine biblische Geschichte sagen möchte, und dem, was Kinder verstehen, tatsächlich sein kann.

Anton Bucher hat Kinder gefragt, wie sie biblische Gleichnisse verstehen.[22] U.a. ging es dabei um das Gleichnis von den Arbeitern im Weinberg (Mt 20), das nach Auskunft der wissenschaftlichen Bibelauslegung vor allem die Güte Gottes zum Ausdruck bringen soll. Der Weinbergsitzer, der allen Arbeitern – unabhängig von ihrer Leistung – den gleichen Lohn gibt, so viel nämlich, wie sie zum Leben brauchen, wird so gesehen zu einem Bild für Gottes Handeln. Die Kinder hingegen verstanden die Geschichte zum Teil so, dass Jesus sie erzählt habe, damit wir wissen, wie man es *nicht* machen soll: Gott nämlich sei *gerecht; er* hätte nicht allen gleich viel bezahlt, sondern hätte sich fairerweise an das Prinzip des Stundenlohns gehalten!

In einer eigenen Studie zum Religionsunterricht konnten wir beobachten, wie Kinder im Alter von 10 oder 11 Jahren das Gleichnis vom verlorenen Sohn (Lk 15) deuten – und damit Fragen aufwerfen, die mich bis heute bewegen. Auch dieses Gleichnis kann als Bild für Gottes Güte und für Gottes Versöhnungsbereitschaft verstanden werden. Im Verständnis der Kinder hingegen nahm die Geschichte eine deutlich andere Bedeutung an: Die Kinder gingen nämlich davon aus, dass Vater und Sohn miteinander gestritten hätten, worauf der Sohn dann weggelaufen sei. Danach machen sich beide, Vater und Sohn, erhebliche Selbstvorwürfe. Der Vater werfe sich vor, »er wäre schuldig, dass der Sohn gegangen ist«. Und am Ende der Geschichte geht es dann darum, dass beide, Vater und Sohn, versöhnungsfähig werden, indem sie ihre Fehler einsehen und zugeben.[23] In der Auslegung der Kinder ist das Gleichnis anders geworden. Ist ihre Auslegung noch legitim – oder verfälscht sie das Gleichnis?

Solche Fragen und Beispiele unterstreichen noch einmal, dass Kinder keineswegs einfach von sich aus und automatisch im Stande sind, biblische Geschichten zu verstehen. Zutreffend ist vielmehr, dass Kinder sich diese Geschichten aneignen, indem sie sich selber in diese Geschichten hineinsehen, sich mit einzelnen Personen in der Geschichte identifizieren und jedenfalls manchmal den Sinn einer Geschichte erheblich verändern. Eine solche Aneignung ist gleichwohl zu bejahen. Sie stellt die Voraussetzung dafür dar, dass biblische Geschichten für das Kind und für seine Lebens- und Erfahrungswelt wirklich lebendige Bedeutung gewinnen können. Hier liegt offenbar das Recht der These, dass Kinder biblische Geschichten auch »unrichtig« verstehen dürfen. Zugleich ist aber auch festzuhalten, dass ein »unrichtiges« Verständnis nicht einfach stehen bleiben sollte (auch wenn es dies in manchen Fällen durchaus darf) – etwa weil die Erwachsenen annehmen, sie dürften das kindliche Verständnis *grundsätzlich* nicht stören. Für das Kind kann in einem solchen fraglosen Hinnehmen der Erwachsenen nicht nur Achtung oder Anerkennung zum Ausdruck kommen, sondern – ungewollt – auch Gleichgültigkeit: Womit Eltern sich sehr rasch zufrieden geben, ist in der Regel nicht weiter wichtig.

Es wäre nun aber auch verkehrt, die kindlichen Auslegungsfähigkeiten bei biblischen Geschichten dadurch wieder in Frage zu stellen, dass wir nur auf die Spannung zwischen dem in diesen Geschichten Gemeinten und dem Verständnis des Kindes abheben. Es kann auch ganz anders sein. Immer wieder kommt es vor, dass Kinder etwas in einer biblischen Geschichte entdecken oder hervorheben, das den Erwachsenen bislang entgangen war. Oder es gelingt ihnen, die Bedeutung einer Geschichte neu zu beleuchten.

Betrachten wir ein anderes Beispiel, das sich nicht auf eine einzelne biblische Geschichte bezieht, sondern auf das Abendmahl. Die Krankenhausseelsorgerin Dorothea Bobzin berichtet[24]:

»Die Vierjährige erzählte mir von ihrem letzten Besuch in der Kirche mit ihrer Mutter (es muß wohl ein Abendmahlsgottesdienst gewesen sein): ›Der Mann mit dem langen Rock hat Kekse verteilt – die schmecken lecker, aber die kann man nicht kaufen‹«.

Auch diese Äußerung des Kindes kann natürlich so gelesen werden, dass sie ein *Missverständnis* des Kindes zum Ausdruck bringt: Beim Abendmahl gibt es schließlich keine Kekse, und auch der Pfarrer bzw. die Gemeinde muss die Oblaten für das Abendmahl beschaffen, in aller Regel durch Kauf. Dennoch leuchtet in dieser kindlichen Deutung etwas auf, was theologisch von großer Bedeutung sein könnte und das vielleicht auf eine *tiefe Einsicht* in zumindest eine der Bedeutungen des Abendmahls verweist: Was beim Abendmahl empfangen wird, kann man sich nicht verdienen. Trotz aller Konsumkultur, in der wir heute alle leben, gibt es »leckere« Dinge, die man durch Kauf eben nicht erwerben kann usw. – Die Tatsache, dass die Krankenhausseelsorgerin dieses Erlebnis mit dem Kind als erinnerns- und sogar als veröffentlichungswert angesehen hat, zeigt darüber hinaus, wie tief eine solche kindliche Deutung die Erwachsenen anrühren kann.

Biblische Geschichten – Anlass zum Gespräch mit Kindern

Bereits im Zusammenhang unserer Überlegungen zur Theologie mit Kindern haben wir darauf hingewiesen, dass biblische Geschichten immer wieder auch Anlass für theologische Gespräche mit Kindern sein können. Nun ergibt sich auch vom Erzählen biblischer Geschichten her, dass solche Gespräche mit Kindern sinnvoll und sogar notwendig sind. Es trifft offenbar nicht zu, dass sich Geschichten den Kindern gleichsam von selbst fraglos erschließen. Zwischen dem, was Kinder verstehen, und dem, was Erwachsene in einer biblischen Geschichte sehen, gibt es Unterschiede und Spannungen, aus denen beide lernen können, Kinder wie Erwachsene.

Mit Kindern über biblische Geschichten sprechen meint freilich kein schulmeisterliches Nachhaken, schon gar nicht in der Absicht, durch »Nacharbeit« die Kinder doch noch zum einzig »richtigen« Verständnis zu bringen. Sinnvoll ist nur ein offenes Gespräch, das wiederum zuerst von der Bereitschaft zum Hören auf das Kind abhängig ist. »Wie verstehst du diese Geschichte? Gefällt sie dir? Was ist dir wichtig?« So oder so ähnlich können Fragen lauten, die wir dem Kind nach einer biblischen Geschichte stellen. »Warum erzählt Jesus diese Geschichte? Würdest du diese Geschichte einem Freund erzählen?« Das sind weitere Fragen, die ein Gespräch anregen können.

Wenn wir nach dem Erzählen oder Vorlesen einer biblischen Geschichte noch etwas mit dem Kind verweilen, ohne sofort zur nächsten Geschichte oder Tätigkeit überzugehen, stellen Kinder oft auch von sich aus Fragen: »Was ist …, was bedeutet …, warum …?« Kleine Fragen, auf die Erwachsene manchmal rasch eine Antwort wissen, manchmal aber auch sehr weit reichende Fragen, werden da aufgeworfen: »Ist Jesus Gott?«, so hat mich einmal ein Kind gefragt und hat mich damit tief ins Nachdenken darüber gebracht, wie ich einem Kind das Verhältnis zwischen Gott und Jesus verständlich machen könnte.

So gesehen lässt sich sagen, dass das Erzählen biblischer Geschichten und die Theologie mit Kindern eigentlich zusammengehören. Biblische Geschichten können das theologische, aber auch das philosophische Fragen von Kindern anregen, während umgekehrt das theologische und philosophische Nachdenken mit Kindern das Verständnis biblischer Geschichten vertiefen kann. Was manche wie der eingangs erwähnte B. Bettelheim sich heute von Märchen erhoffen – dass sie den Kindern Einsichten in den Sinn des Lebens ermöglichen und sie zum Nachdenken über existenzielle Fragen anregen –, das kann mit guten oder besseren Gründen ebenso von den biblischen Geschichten erwartet werden.

Beispiele

Rezepte, die im Einzelfall dann doch nicht stimmen, sollen auch hier nicht gegeben werden. Einige beispielhafte Hinweise können aber vielleicht doch von Nutzen sein.

Meine eigenen Kindern haben mich energisch auf zwei Bücher hingewiesen, die sie im Vorschulalter und in der Grundschulzeit immer wieder ansehen und vorgelesen haben wollten:

- »Von Schafen, Perlen und Häusern – Jesus erzählt« von Nick Butterworth und Mick Inkpen[25] ist ein Bilderbuch mit Geschichten und Gleichnissen aus dem Neuen Testament. Die für Kinder sehr ansprechenden Bilder sind geeignet, Kinder auch zu eigenem Nachdenken zu bringen – ein kleines Buch, das viele Gespräch in Gang setzen kann, im Elternhaus wie im Kindergarten.
- Eine originelle Idee ist das Such-Buch »Jesus und seine Freunde« von Rhona Pipe[26]. Hier werden zentrale biblische Geschichten jeweils in einem großformatigen Bild dargestellt, in dem es für Kinder viel zu entdecken gibt: Menschen, Tiere, Bäume, den See – und natürlich die entsprechende Geschichte. Zusätzlich werden den Kindern bestimmte Suchaufgaben gestellt: Sie müssen die Brote finden, die Fische oder die Krüge … Das Buch eignet sich auch dazu, Kinder selbst die jeweilige Geschichte erzählen zu lassen.

Das dritte Beispiel, das ich hier nennen möchte, stammt aus der Grundschule – aus der kreativen Arbeit des katholischen Religionspädagogen Rainer Oberthür. Im Religionsunterricht hat er Kinder aufgefordert, Jesus-Geschichten zu schreiben, die in der Bibel stehen könnten. Die von Mira verfasste Geschichte lässt sehr deutlich erkennen, was diesem Kind wichtig ist:

»Einmal kam eine Frau zu Jesus nach Hause. Sie hatte ein kleines Mädchen dabei. Das Mädchen trugen zwei Männer auf einer Liege. ›Was ist mit ihr?‹, fragte Jesus sehr interessiert und ernst. ›Sie kann nicht laufen, nicht hören, nicht sehen und nicht sprechen. Sie kann sich überhaupt nicht mehr bewegen. Sie isst fast nichts mehr und trinkt nicht!‹, antwortete die Frau. Jesus sagte: ›Was ist nur, Vater, wieso lässt du sie nicht leben?‹, rief Jesus. ›Wahrscheinlich hat er sie vergessen!‹, sagte einer der Männer. ›Das kann nicht sein, Gott vergisst keinen!‹, sagte Jesus. Jesus ging zu der Liege und bückte sich. Das Mädchen machte die Augen auf, und obwohl es blind war, sah sie Jesus. Jesus berührte erst die Augen und dann alles, womit sie nichts anfangen konnte. Das war der Anfang eines neuen Lebens.«[27]

Für den Religionsunterricht der Grundschule wirft diese Geschichte natürlich die Frage auf, ob die biblischen Wundergeschichten schon Kindern erzählt werden sollen. Darüber wird immer wieder gestritten – einmal mit dem Hinweis, dass Kinder diese Wunder keineswegs anstößig finden, dann wieder mit dem Einwand, dass dadurch zumindest später den Jugendlichen oder Erwachsenen der Zugang zur Bibel erschwert werde. Diese Frage kann hier nicht, gleichsam nebenbei, entschieden werden. Eines aber steht fest: Wenn Kindern Wundergeschichten erzählt werden, dann jedenfalls nicht vorbei an ihren eigenen Wahrnehmungen und Deutungen – und vor allem nicht vorbei an dem, worauf es den Kindern selbst ankommt. Und was für Mira wichtig ist, das macht sie selbst ja sehr deutlich: »Gott vergisst keinen«!

4. Mit Kindern beten?

Mit der Frage nach dem Beten mit Kindern wenden wir uns einem Thema zu, das heute zu den schwierigen Fragen gehört. Viele Eltern und Erzieherinnen fühlen sich unsicher, besonders was die eigene Person betrifft: Soll ich mit Kindern beten? Darf ich das tun, oder zwinge ich den Kindern etwas auf? Kann ich das überhaupt: Kann ich selbst noch beten? Bewusst setzen wir deshalb in diesem Kapitel bei solchen Schwierigkeiten ein.

Beobachtungen: Schwierigkeiten mit dem Beten

Ein autobiografisches Buch zum Thema »Gebet« trägt den vielsagenden Titel »Weil ich beim Beten lügen mußte«.[28] In diesem Buch rechnet Monika Schaefer, Jahrgang 1940, ab mit ihrer religiösen Erziehung, unter deren Folgen sie bis heute zu leiden habe. Sie wandelt auf den Spuren des bereits mehrfach erwähnten Tilmann Moser, wenn sie die Unfreiheit und den Zwang ihrer religiösen Sozialisation beschreibt. So etwa ihre Mutter:

»Der liebe Gott mag keine kleinen Mädchen, die frech sind, die lügen, die laut sind, die eigensinnig sind, die bockig sind. Wegen dir ist der liebe Gott ganz traurig, und denk' immer daran, was würde Jesus jetzt sagen, was würde Jesus in diesem Fall tun«.

Immer wieder beklagt Monika Schaefer auch, dass und wie sie mit der Mutter beten musste. Sie hat Angst – »Angst vor Mutters Liedern und dem Betenmüssen«:

Nach den Abendliedern »kam der Befehl: ›Nun beten!‹ Ich setzte mich auf, faltete meine Hände, kniff die Augen zu. ›Lieber Gott, mach mich fromm, daß ich in den Himmel komm. Behüte Vati und Mutti und Peter … und alle, die ich lieb habe, und verzeih mir, daß ich Böses gemacht habe.‹ – ›Was hast du denn Böses gemacht?‹«, fragt die Mutter. »›Nichts.‹ ›Aber warum sagst du es denn?‹ – Ich war immer in der Zwickmühle, ein Entrinnen gab es nicht. Abend für Abend diese Frage, und ließ ich den Teil des Gebetes weg, fragte sie, ob ich denn nichts vergessen hätte … Oft überdachte ich schon gegen Abend hin den Tag und überlegte voller Unruhe, was ich beten könnte. Aber oft mußte ich lügen, dabei hatte Mutter gesagt, daß der liebe Gott keine kleinen Mädchen liebt, die lügen«.

Ich lasse Monika Schaefer hier nicht deshalb so ausführlich zu Wort kommen, weil ich annehmen würde, dass alle Erwachsenen in ihrer Kindheit solche Erfahrungen gemacht hätten. Monika Schaefers Bericht trifft sich jedoch mit einem weit verbreiteten Unbehagen – mit dem Unbehagen gegenüber der eigenen religiösen Erziehung bei heutigen Eltern und auch Erzieherinnen, die in den 40er, 50er oder auch noch 60er-Jahren groß geworden sind. Wie wir gesehen haben, war für die damaligen Kinder religiöse Erziehung nicht befreiend, sondern vor allem ein beengender Zwang.

Wenn wir heute beten wollen, wenn wir mit Kindern beten wollen oder sollen, dann liegt darin immer auch die Frage nach unseren eigenen Kindheitserfahrungen: Wie haben wir die Gebete unserer Kindheit erfahren? Denke ich gerne zurück an das Abendgebet mit der Mutter, dem Vater oder mit wem auch immer? Habe ich ein gutes Gefühl bei solchen Erinnerungen – oder überkommt mich vielmehr die Angst?

Für ein pädagogisch verantwortliches Beten mit Kindern ist es wichtig, dass wir zuerst unser eigenes Verhältnis zum Beten bedenken. Nur wenn wir selbst wirklich frei und bereit dazu sind, können wir sinnvoll mit Kindern beten. Beim Beten mit Kindern geht es nämlich nicht nur um die Worte, die gesprochen werden. Viel wirksamer sind unter Umständen die Gefühle, die hier wach werden. Und die Gefühle der Erwachsenen übertragen sich leicht auch auf die Kinder.

So weit die erste Beobachtung – zu Monika Schaefer und ihren Kindheitserfahrungen damals. Meine zweite Beobachtung betrifft Erfahrungen, die Kinder in ihrem Aufwachsen heute mit dem Beten machen. Ich kann mich dabei kurz fassen, denn das Bild fällt einfach aus: Erfahrungen mit gemeinsamem Beten machen Kinder heute nur noch in wenigen Fällen. Dabei spielt vor allem das Elternhaus eine große Rolle. In den letzten Jahrzehnten haben sich die religiösen Gewohnheiten in der Familie stark verändert.[29] Früher weithin verbreitete Andachtsformen wie das Tischgebet oder auch das Morgengebet werden kaum mehr gepflegt. Umfragen unter Katholiken, die in den 80er-Jahren dazu durchgeführt wurden, ergaben, dass noch etwa 10% bis 20% der Familien solche religiösen Riten pflegen. Inzwischen dürften die Zahlen noch einmal deutlich geringer geworden sein. Eine größere Verbreitung besitzt allerdings das Abendgebet mit den Kindern, das von etwas mehr als einem Drittel der Eltern zumindest eine Zeit lang gepflegt wird. Im Gutenacht-Gebet besitzt das gemeinsame Beten noch einen Halt. Im Ganzen ist es deutlich auf dem Rückzug.

Dabei lässt sich interessanterweise nicht behaupten, dass heutige Menschen überhaupt nicht mehr beten. Untersuchungen bei Jugendlichen und Erwachsenen[30] zeigen vielmehr immer wieder, dass das persönliche Beten für sich allein viel weiter verbreitet ist als beispielsweise die Teilnahme am Sonntagsgottesdienst. Demnach gibt es heute sehr viele Menschen, die zwar so gut wie nie in die Kirche gehen, die aber doch zu Gott beten. Dadurch wird das Beten zu einer reinen Privatsache, der im gemeinschaftlichen Leben kein Raum mehr gegeben wird.

Meine dritte Beobachtung ist eigentlich eine Frage oder These: Wenn das Beten etwas ist, was viele tun, über das aber kaum einmal gesprochen und das auch nicht öffentlich gezeigt wird, dann ist das Beten zu einem Tabu geworden. Man darf nicht darüber sprechen – es ist peinlich, wenn man vom eigenen Beten spricht … Ein amerikanischer Kollege erzählte einmal, dass es in den USA heute leichter sei, über das eigene Sexualleben zu sprechen als über das persönliche Gebetsleben. Hat das Beten die Sexualität als Tabu abgelöst? Belastet die Erziehung heute das Kind mit einem religiösen Tabu?

Vielleicht greift diese These zu weit. Unabweisbar aber scheint mir angesichts der genannten Beobachtungen die Frage, ob wir heute nicht in der Gefahr stehen, Kindern das Beten als einen wichtigen Ausdruck des Glaubenslebens vorzuenthalten. Wenn viele heute auf Grund ihrer eigenen Erfahrungen mit der religiösen Erziehung ihre Kinder nicht mehr religiös erziehen wollen und wenn das gemeinsame Beten immer seltener wird, dann erhalten die Kinder auch keine Hilfe mehr, um zu einer eigenen Gebetspraxis zu gelangen. Insofern ist festzuhalten, dass zum Recht des Kindes auf Religion auch gehört, Erfahrungen mit dem Beten machen zu können.

Sollen Kinder beten?

Ist beten für Kinder überhaupt wichtig? Fünf Gründe scheinen mir von besonderem Gewicht. Es sind Gründe, die gleichermaßen aus der Pädagogik wie aus der Theologie erwachsen. Das Gebet ist immer zugleich auf den Glauben und auf die Bildung des Herzens als Zentrum menschlicher Existenz bezogen.

Der *erste* Grund hat mit dem *Stillwerden* zu tun: Beten als Ruhigwerden und als Stille. Von der italienischen Pädagogin Maria Montessori haben in den letzten Jahren viele wieder neu gelernt, wie elementar bedeutsam Stille für Kinder sein kann.[31] Offenbar gehört das Ruhigwerden als eine Art Sammlung und Meditation für die Menschen zu den elementaren Erfahrungen, die sie einfach brauchen.

Das konzentrierte Hören nach innen, das Hören mit dem »dritten Ohr«, wie manche es fast überschwänglich nennen, ist heute zu einem seltenen Gut geworden. Die laute Welt der Medien und der Unterhaltungsindustrie machen es Kindern und Erwachsenen gleichermaßen schwer, zur Stille zu finden. Deshalb gehört die Pflege des Stillewerdens zu den pädagogischen Aufgaben, die sich angesichts des Wandels der Kindheit und der kindlichen Lebenswelt unausweichlich stellen. Kinder lassen sich heute neu von der Stille faszinieren. Stille ist für sie eine fremde, eine ungewohnte und dadurch fast schon abenteuerliche Erfahrung.

Vielleicht kann man sagen, dass Stilleübungen immer auch ein Stück Gebetsvorbereitung sind, so wie umgekehrt das Beten mit Kindern stets einen Beitrag zu einer pädagogischen Kultur der Stille leisten sollte.

Ganz ähnlich sieht es *zweitens* aus mit dem Gebet als *Ritual*. Lange Zeit war ja das Beten aus eben diesem Grunde verpönt: Das Kindergebet sei eben ein leeres Ritual, ständig wiederholt, eine »Gebetsmühle«, aber eben ohne wirkliche Bedeutung.

An dieser Kritik ist bleibend richtig, dass das Beten mit Kindern nicht zu einer toten Form, einer bloßen Gewohnheit ohne Sinn werden darf. Als viel größer wird inzwischen freilich die Gefahr wahrgenommen, dass unsere Gesellschaft den Kindern keinerlei feste Formen mehr bieten kann und dass den Kindern von Anfang an diejenigen Rituale fehlen, die sie für ihr Aufwachsen brauchen.

In der Kinderpsychologie wird die Bedeutung des Rituals wieder neu erkannt.[32] Rituale geben dem Menschen Sicherheit, sie schützen vor Angst und Verlassenheitsgefühlen. Aber wo erleben Kinder noch solche Rituale? Die Mahlzeiten im Elternhaus sind weitgehend entritualisiert. Alles geht schnell und möglichst formlos vonstatten. Ein-Eltern-Familien und wechselnde Schlafstätten für die Kinder, eine wachsende Zahl von Betreuungspersonen oder Babysittern – all das macht es schwer, den Kindern feste Abläufe mit rituellem Charakter zu bieten.

Das Beten gewinnt deshalb gerade als eine Form des festen Rituals wieder neu an Bedeutung.[33] Wie alle Rituale lebt es davon, dass es beständig und verlässlich wiederkehrt. Es lebt davon, dass seine Form sich gleich bleibt und dass es als Wiederholung kenntlich ist: als Gebet am Tagesbeginn, als Gebet vor dem Essen, als Gebet zum Schluss des Kindergartentages, als Gebet beim Zubettgehen.

Stille und Ritual bezeichnen elementare menschliche Erfahrungen. Auch der *dritte* Grund für das Beten mit Kindern hat mit einer menschlichen Grunderfahrung zu tun: mit der Erfahrung von *Vertrauen und Geborgenheit*.

Das Gebet mit der Mutter, das Gebet am Ende des Tages, schon im Bett, an der Grenze des Schlafens, das Gefühl von Wärme, von Sicherheit … »Es gibt einen Gott, der uns hilft, der mich beschützt« – so oder ähnlich können es Kinder erfahren, wenn sie sich im Gebet an Gott wenden. Es ist das Gefühl des Behütetseins, der Sicherheit, die von einer umfassenden, uns haltenden Macht ausgeht.

An dieser Stelle geht das Beten in einer entscheidenden Hinsicht über die Theologie mit Kindern und auch über das Erzählen von Geschichten hinaus. Im Gebet wird anschaulich, dass Gott nicht eine anonyme Macht ist, sondern zu einem lebendigen Gegenüber für das Kind werden kann, das angesprochen werden darf. Hier wird nicht über Gott gesprochen und auch nicht nur von Gott erzählt, sondern Gott wird direkt angeredet.

Ein *vierter* Grund für das Beten mit Kindern wird häufig vergessen: das kleine Wort »mit« – *mit* Kindern beten heißt es ja. Und dies bedeutet doch, dass hier jemand da ist, der dies zusammen mit dem Kind tut. Die Gemeinschaft mit dem Kind – die besondere Gemeinschaft, die zwischen betenden Menschen entstehen kann –, diese Gemeinschaft kann von Kindern besonders intensiv erfahren werden. Immer wieder haben mir junge Erwachsene erzählt, wie sehr sie sich gewünscht haben, dass die Mutter oder der Vater mit ihnen als Kindern beten sollten. Dabei war es offenbar weniger ein bestimmtes Gebet, nach dem sie sich gesehnt haben, sondern was sie sich wünschten, war die ungeteilt dichte Gemeinschaft mit den Eltern.

Der *fünfte* Grund, den ich hier an letzter Stelle nenne, ist nicht weniger wichtig. Vielleicht ist er sogar der wichtigste von allen: Beten ist ein Zeichen der *Hoffnung*. Es ist ein Weg, auf dem Hoffnung entstehen und gestärkt werden kann. Im Gebet, so wie es die Bibel versteht, darf und soll gegen alles Leiden in dieser Welt gehofft und geseufzt werden. Beten heißt, angesichts von Bedrohungen und von Hoffnungslosigkeit an der Hoffnung fest halten: »Mein Gott, mein Gott, warum hast du mich verlassen«, so betet nicht erst Christus am Kreuz, sondern so haben vor ihm und nach ihm viele mit Psalm 22 gebetet.

Hoffnung auch angesichts von Angst und Bedrohung, das haben auch und gerade die Kinder von heute nötig. Angst vor der Atomkatastrophe; Angst vor dem Krieg, von dem die Flüchtlingskinder in der Nachbarschaft erzählen; Angst vor der nächsten Umweltkatastrophe, die wir heute noch nicht kennen, aber doch schon dunkel ahnen – all das macht es so wichtig, den Kindern den Weg zu einer Hoffnung zu zeigen, die mehr ist als ein vordergründig »positives Denken« oder ein bloß oberflächlicher Optimismus.

Wie Kinder das Beten verstehen

Die im letzten Abschnitt genannten Gründe waren zwar auf die Kinder bezogen, aber doch von Erwachsenen formuliert. Wie steht es nun mit den Kindern selbst? Was sagen und denken sie vom Beten?

Leider gibt es bis heute nur sehr wenige entwicklungspsychologische Untersuchungen zum Gebetsverständnis von Kindern. Immerhin lassen die verfügbaren Kenntnisse aber doch einige wichtige Aussagen zu.[34] Bei Kindern im Alter zwischen 5 und 12 Jahren sind drei verschiedene Entwicklungsphasen im Gebetsverständnis zu beobachten:

- Die 5-7-jährigen besitzen noch keine fest umschriebene Vorstellung davon, was beten heißt. Sie sehen jedoch, dass das Gebet mit Gott zu tun hat. Weiterhin heben sie besonders die äußerlich wahrnehmbaren Formen und Verhaltensweisen hervor: Beten heißt Hände falten, bestimmte Worte gebrauchen usw.
- An der Betonung der äußerlich wahrnehmbaren Vollzüge ändert sich auch bei den 7-9-jährigen noch wenig. Deutlicher ausgesprochen wird jetzt aber die Erwartung, dass Gott wirklich etwas tut. Gott soll die Gebetswünsche der Kinder erfüllen, wobei diese Wünsche häufig recht ich-bezogen und von materieller Art sind.
- Bei den 9-12-jährigen hingegen findet sich ein verändertes Bild: Die äußeren Vollzüge des Betens wie das Händefalten gelten jetzt als unwichtig. Das Gebet wird als persönliches Gespräch mit Gott aufgefasst. Das Bitten ist entsprechend nicht mehr der einzige Inhalt des Gebets. Und gesehen wird jetzt auch, dass das Gebet nicht nur bei Gott etwas erreichen will, sondern dass es vor allem eine Wirkung auf den Betenden selber hat.

Welche Folgerungen lassen sich aus solchen Untersuchungen ziehen? Zunächst machen sie deutlich, dass Kinder ihre eigenen Auffassungen vom Beten haben, über die zu sprechen sich durchaus lohnt. Dies erinnert noch einmal an die Kindertheologie und an das Anliegen, Kinder als Theologen ernst zu nehmen. Darüber hinaus erscheinen vor allem zwei Punkte besonders wichtig:

Erstens zeigen die Befragungen, dass für Kinder vor der Schulzeit die äußere Gestaltung des Gebets besonders eindrücklich und wichtig ist. Das spricht dafür, das Beten mit Kindern in diesem Alter mit äußerlich wahrnehmbaren Formen oder Ritualen zu verbinden – mit bestimmten Sprachformen, Körperhaltungen oder Sitzordnungen sowie mit Stilleübungen. Offenbar sind dies Erkennungszeichen, die den Kindern selbst entgegenkommen und die ihnen helfen. Besonders im Kindergarten bieten sich entsprechende Gestaltungsmöglichkeiten an.

Zweitens gibt es offenbar auch beim Beten eine Entwicklung, die dafür sorgen kann, dass Kinder nicht bei ihren Kindergebeten stehen bleiben. Die Gefahr, dass wir das Beten durch – angeblich – harmlose Kindergebete auf Dauer verderben, erscheint mir deshalb gering. Für gewichtiger halte ich das Problem, dass die kindliche Entwicklung heute im Bereich des Betens ohne Anregung bleibt. Einfache, auf die Kinder eingestellte Gebete sind daher berechtigt. In der weiteren Entwicklung können und sollen sie dann durch andere Gebete abgelöst werden.

Auch an dieser Stelle stoßen wir im Übrigen auf uns selbst als Erwachsene. Die Entwicklung des Gebetsverständnisses beginnt in der Kindheit, sie kann aber das ganze Leben lang weitergehen. Auch unser eigenes Gebetsverständnis kann noch wachsen, und Kinder fordern uns dazu heraus. Mit Kindern beten heißt deshalb, mit ihnen unterwegs sein auf dem Weg zu einem Gebetsverständnis, das unserem Leben im Wandel der Erfahrungen gerecht wird.

Mit Kindern beten – aber wie?

Auch wenn man davon überzeugt ist, dass das Beten mit Kindern eine wichtige Aufgabe der religiösen Erziehung darstellt, bleibt die Frage nach dem Wie: Wie können und sollen wir mit Kindern beten? Diese Frage ist am Ende ganz konkret: Wir müssen Gebete finden, aussuchen oder formulieren, die wir mit Kindern sprechen wollen. Was ich im Folgenden anbieten möchte, sind freilich nicht solche konkreten Vorschläge oder einzelne Gebete, wie sie in zahlreichen Kindergebetsbüchern angeboten werden.[35] Stattdessen möchte ich einige Überlegungen anbieten, die eine *Beurteilung* der für Kinder angebotenen Gebete erlauben.

1. Mit Kindern beten: Der Nachdruck liegt jetzt ganz auf dem Wort »mit« – mit den Kindern sollen wir beten, nicht für sie oder an ihrer Stelle. Damit ist gemeint, dass Beten im Kindesalter nicht einfach das Sprechen bestimmter Gebete bedeuten kann. Auch das Beten muss pädagogisch verantwortlich betrieben werden. Es soll abgestimmt sein auf die Möglichkeiten und Bedürfnisse der Kinder, es soll eingehen auf ihre Reaktionen. Und es soll sie zu eigenem Beten befähigen.

Auch Kinder sind in der Lage und haben Spaß daran, Gebete auszuwählen, auswendig zu lernen und gemeinsam zu sprechen. Anders als in früheren Zeiten sollte deshalb das aktive Mittun der Kinder auch beim Beten ganz selbstverständlich sein.

2. Das Beten soll kindgemäß sein: Die Sprache der Gebete sollte so gewählt werden, dass sie für Kinder zugänglich ist – einfache Sprache, keine altertümliche Kirchensprache. Und die Gebetsanliegen, die Inhalte des Gebetes, sollen offen sein für die Erfahrungswelt der Kinder – für die guten und schlechten Erlebnisse, für ihre Freude etwa an Spiel, Spielsachen, Kinderfreundschaften und Tieren, aber auch für ihre Ängste und Sorgen. Wenn neuere Gebetsbücher sich hier entschieden in die Kinderwelt hineinwagen, so ist dies zwar immer eine Gratwanderung auf der Grenze zum Banalen. Ein Fortschritt gegenüber der Kunstwelt manch älterer Bücher aber ist es allemal.

Kindgemäß beten soll nun aber nicht heißen, dass *alle* Gebete der Erwachsenen ausgeschlossen sein sollten. Zum Beispiel erobert sich das Vaterunser heute zu recht wieder einen Platz unter den Gebeten im Kindergarten. Der Streit, ob wir ausschließlich einfache Kindergebete verwenden sollten oder ob auch einmal ein schweres, für Kinder noch kaum verständliches Erwachsenengebet dabei sein darf, dieser Streit erscheint mir müßig. Kinder wollen beides: Sie wollen mit Regine Schindler reimen: »Müd ist mein Bein, müd ist mein Arm, ich liege im Bett, da ist es warm«[36] – aber sie wollen auch einmal etwas ganz anderes ausprobieren und wie die Großen sprechen: »Vater unser im Himmel«.

Der Einsatz verschiedener Gebete sowie unterschiedlicher Weisen, in denen Gott angeredet wird, tragen zugleich dazu bei, dass die Kinder etwas von der Vielfalt der Gebetsmöglichkeiten und Gebetserfahrungen entdecken können. Damit wird den Kindern der Weg zu einer individuell-persönlichen Gebetspraxis eröffnet.

Bei Eltern, die sich bewusst mit Fragen der religiösen Erziehung auseinander setzen, ist mir immer wieder der Wunsch begegnet, die Kinder nicht einseitig festzulegen – zum Beispiel auf Vorstellungen von Gott im Himmel oder auf männliche Gottesbilder. Dieses Anliegen ist gerade bei der Gebetserziehung ernst zu nehmen: Durch ihre Einprägsamkeit tragen Gebete auch zur Ausbildung der Gottesvorstellung bei. Aus diesem Grund ist eine – im Übrigen auch biblisch begründete – Vielfalt geboten.

3. Das Kriterium der Echtheit: Wir sollten mit Kindern nichts beten, was wir nicht selbst beten können, hinter dem wir nicht selber stehen. Kinder haben sehr feine Antennen dafür, womit es uns ernst ist und womit nicht.

Was wir selbst nur dahinsagen können oder was uns innerlich wider-
strebt, das sollten wir auch dann nicht mit Kindern beten, wenn es andere
empfehlen oder wenn es in der Ratgeberliteratur angepriesen wird. Aus
diesem Grund muss auch jeder und jede Einzelne den eigenen Weg des
Betens mit Kindern finden. Nur den Weg, den wir selber gut finden, können wir auch den Kindern zeigen.

Mit der Frage der Echtheit will ich aber keine falschen oder überhöhten Ansprüche unterstützen. Es scheint mir übertrieben, wenn wir uns bei jedem Wort eines
Gebets zuerst fragen müssen, ob wir das auch wirklich nachsprechen wollen. Es
ginge uns dann wahrscheinlich so, dass uns kaum noch Gebete übrig bleiben und
wir am Ende ganz auf uns selber gestellt wären. Aber das ist bei Gebeten ebenso
wenig erforderlich wie beispielsweise bei Liedern, die wir ja auch singen, obwohl uns die Texte nicht immer ausnahmslos gefallen.

Das Kriterium der Echtheit kann im Übrigen auch bei der Frage der Kind-
gemäßheit weiterhelfen. Auch hier gilt: Kein Gebet sollte so kindlich –
oder besser: so kindisch – sein, dass wir es als Erwachsene gar nicht
mehr mitsprechen können.

4. Einbettung in die religiöse Erziehung: In der Literatur wird manchmal
darüber gestritten, ob das Beten, ob Lob und Klage nicht das Erste sein
müssten in der religiösen Erziehung, sodass zum Beispiel biblische Geschichten erst viel später kommen.[37] Mir selber kommt dies übertrieben
vor. Das Beten ist angewiesen auf Geschichten, aus denen Kinder Gott doch
erst kennen lernen, und umgekehrt verlangen die Geschichten nach dem
Beten, weil Gott sonst nicht zu einem lebendigen Gegenüber werden kann.

5. Ökologie des Betens: Eine besondere Aufgabe und Chance für den
Kindergarten, vielleicht aber auch eine Anregung für Familien sehe ich
darin, eine Ökologie des Betens zu pflegen. Damit meine ich, dass besonders für Kinder zum Beten auch eine gestaltete Umwelt gehört: vielleicht eine Kerze, die in der Mitte brennt; eine bestimmte Zeit am Tag,
die immer wiederkehrt; eine bestimmte Haltung von Körper und Händen; eine festliegende Eingangsformel auch bei wechselnden Gebeten;
eine wiederkehrende musikalische Anleitung oder Einrahmung usw.
Nach allem, was wir über die Entwicklungspsychologie des Gebets wissen, sind solche festen gestalteten Formen, die ich hier als Ökologie oder

Umwelt des Gebets bezeichne, für Kinder besonders wichtig. Für Kinder ist ein Gebet manchmal erst dann ein Gebet, wenn all das auch richtig getan wurde – wenn alles richtig war. Erst dann wird es so richtig schön!

5. Brauchen Kinder Kirche – welche Kirche braucht das Kind?

Es ist kein Zufall, dass wir die Frage nach Kind und Kirche erst im letzten Kapitel dieses Teils aufnehmen. Die Frage, ob Kinder Kirche brauchen, fällt ähnlich wie die nach dem Beten mit Kindern besonders schwer. Auch viele der Erwachsenen – Eltern wie Erzieherinnen und Erzieher –, die für religiöse und Glaubensfragen aufgeschlossen sind oder die sich für religiöse Erziehung interessieren, stehen der Kirche mit Skepsis gegenüber. *Religion ja – Kirche nein*, so ist es manchmal zu hören. So gesehen brauchen Kinder keine Kirche. Und doch ist dies nur die eine Seite. Die andere Seite wird beispielsweise daran sichtbar, dass sehr viele Eltern nach wie vor ihr Kind taufen lassen und es später auch in den Kommunion- oder Konfirmandenunterricht schicken. Wer vom Recht des Kindes auf Religion und religiöse Begleitung spricht, muss schon deshalb auch die Kirche in ihrer – zumindest möglichen – Bedeutung für das Kind in den Blick nehmen.

Darüber hinaus zielt die Frage, ob Kinder Kirche brauchen, auch darauf, *welche Kirche* das Kind braucht. Die Formulierung ist dabei bewusst zweideutig: Sie kann sich darauf beziehen, wie Kirche aussehen soll oder sollte, damit sie Kindern gerecht wird. Zugleich betrifft sie das Selbstverständnis von Kirche: Kann es Kirche ohne Kinder überhaupt geben? Warum ist Kirche auf Kinder angewiesen?

Alle diese Fragen sind eng miteinander verwoben. Einer kindgemäßen Kirche, die ohne Kinder nicht sein will, werden auch Eltern und Erzieherinnen offener gegenüberstehen als einer Kirche, die ganz erwachsenenzentriert ist. Dennoch nehmen wir die Fragen nun der Reihe nach auf.

Brauchen Kinder Kirche?

Auch wenn wir nach der Kirche fragen, wollen wir dies aus der Perspektive des Kindes und seines Rechts auf Religion tun. Deshalb können wir auch an dieser Stelle nicht einfach auf die Theologie verweisen und uns auf theologische Begründungen berufen. Theologisch mag von vornherein feststehen, dass auch Kinder für ihren Glauben die kirchliche Verkündigung brauchen. Für viele Eltern und Erzieherinnen, die vom Kind her denken, reicht dies aber als Begründung gerade nicht mehr aus. Deshalb müssen wir anders fragen: Wie stellt Kirche sich von den Kindern her dar?

Auch für religiöse Überzeugungen spielt die *Erfahrung der Gemeinschaft*, die Zugehörigkeit zu einer solchen Gemeinschaft, eine wichtige Rolle. Es gehört zum Wesen des Menschen, dass wir das, was uns selbst wichtig ist, auch anderen mitteilen und mit ihnen teilen wollen. Dies beginnt in der Familie und in der Gruppe der Gleichaltrigen, sei es im Kindergarten, in der Schule oder einfach zwischen Freundinnen und Freunden. Ohne Zweifel aber stellen Kirche und Gemeinde eine besondere Chance für solche Gemeinschaftserfahrungen dar. Sie bieten eine Gemeinschaft, die über die übrigen Gemeinschaften, an denen Kinder teilhaben, schon von der Größe her noch einmal deutlich hinausgeht. Auch kommen hier Erwachsene *und* Kinder zusammen. So kann die Kirche die religiöse Erziehung in Elternhaus oder Kindergarten ergänzen, erweitern und bestätigen.

Ob Kirche und Gemeinde aber wirklich positiv als eine solche Gemeinschaft erfahren werden können, hängt dann freilich davon ab, in welchem Maße dort *kindgemäße Angebote* verfügbar sind. In vielen Gemeinden gibt es einen Gottesdienst für Kinder, es gibt Kinder- und Jugendgruppen sowie andere Angebote teils speziell für Kinder (Kinderchor, Spielangebote, Basteln usw.), teils für Kinder gemeinsam mit Erwachsenen, beispielsweise Vater-Kind-Gruppen. Mit solchen Angeboten kann die Kirche die Familie entlasten – Eltern können dem Recht des Kindes auf Religion dadurch entsprechen, dass sie Kinder auf solche Angebote aufmerksam machen und ihnen die Teilnahme ermöglichen.

Die Bedeutung von *Gottesdienst und Liturgie* auch für die religiöse Erziehung und Entwicklung des Kindes ist im orthodoxen Christentum, aber auch in der katholischen Kirche seit langem bekannt. Neuerdings wird dies auch auf evangelischer Seite stärker wahrgenommen.[38] Gottesdienst und Liturgie – Orgelmusik, Farben von Kanzel- und Altarbehängung, Licht und Dunkel, besondere Sprache, Gesten und Gebete – all dies schließt offenbar eine ästhetische Dimension ein, die auch Kinder schon wahrnehmen oder für die Kinder vielleicht sogar besonders empfänglich sind. Die Bedeutung solcher ästhetischer Erfahrungen darf nicht unterschätzt werden. Denn wie kaum ein anderer Bereich der Erziehung steht die religiöse Erziehung vor der Frage, wie sie dem kindlichen *Begreifen aus der Anschauung* entsprechen kann. Gott kann man dem Kind ja nicht einfach zeigen, Gott wird nur in und hinter den Geschichten, die von ihm erzählen, sichtbar und greifbar. Gottesdienst und Liturgie aber bieten ein Stück Anschaulichkeit, und auch das *Kirchengebäude* darf hier genannt werden. Wenn Kinder das Wort »Kirche« hören, denken sie vielfach zunächst an das Gebäude, das ihnen vor Augen steht. Martin Luther hat immer wieder darauf gedrungen, dass Kinder auch in ihrem Kirchenverständnis über diese Gleichsetzung mit dem Gebäude hinausgeführt werden müssten, weil Kirche ja eigentlich die Gemeinde – die dort versammelten Menschen – bezeichnet. In neuester Zeit hat sich nun eine eigene Kirchenpädagogik entwickelt, die die Kirchen als Orte für religiöse Erziehung und Bildung nützen möchte.[39] Das Kirchengebäude selbst mit seiner eigentümlichen Architektur, daneben natürlich die Ausstattung des Kirchenraumes mit Bildern und Symbolen enthalten zahlreiche Lernanlässe und -gelegenheiten, die lange Zeit vernachlässigt worden sind. Schon im Mittelalter wurden die bildlichen Darstellungen in der Kirche als eine Art Bibel für Menschen, die nicht schreiben oder lesen können, angesehen und entsprechend gestaltet.

So gibt es offenbar eine ganze Reihe von Gründen, die dafür sprechen, dass Kirche Kindern etwas bieten und bedeuten kann – freilich stets in Abhängigkeit davon, ob Kirche auf Kinder achtet und ob Kirche den Kindern gerecht wird. Deshalb heißt die nächste Frage:

Wird die Kirche Kindern gerecht?

Es steht nicht zu bezweifeln, dass es im Raum der Kirche zahlreiche Angebote für Kinder gibt. Auf die Bedeutung kindgemäßer Angebote in der Gemeinde wurde im letzten Abschnitt ausdrücklich hingewiesen. Wenn es aber zutrifft, dass Kinder Kirche brauchen, dann muss die Frage, ob die Kirche Kindern gerecht wird, noch ernster genommen und weiter zugespitzt werden: Können Kinder spüren und erkennen, dass sie in der Kirche willkommen sind? Welchen Kindern – und wie vielen – werden welche Angebote gemacht? Und: Wie kommt es eigentlich, dass vielfach nur so wenige Kinder in der Gemeinde anzutreffen sind?

Vor einigen Jahren hat die Synode der EKD es gewagt, der eigenen – kirchlichen – Arbeit mit Kindern einen kritischen Spiegel vorzuhalten. Sie kommt zu einem nüchternen Ergebnis: Auch in der Kirche gebe es »die Neigung, Kinder in für sie geschaffene Bereiche auszugrenzen, sie lediglich als Objekte von Fürsorge und Erziehung zu betrachten und diejenigen, die sich um die Kinder bemühen, nicht tatsächlich wichtig zu nehmen. Selbst wenn viel für sie getan wird, haben es Kinder im üblichen kirchlichen Leben schwer, als *Subjekte*, das heißt als Mädchen und Jungen mit je ihren Fragen, Einsichten und Interessen, wahrgenommen zu werden. Diese Einschätzung der Arbeit mit Kindern in der Kirche kommt nicht zuletzt in den Stellen- und Finanzplänen sowie in den kirchlichen Strukturen zum Ausdruck«.[40]

Es wäre wichtig, dass diese Anfrage und ein entsprechendes – selbstkritisches – Bewusstsein in der Kirche noch weitere Verbreitung gewinnen. Und über diese Feststellungen hinaus sollten auch andere Probleme im Verhältnis zwischen Kind und Kirche vorbehaltlos wahrgenommen und als Problem eingestanden werden:

– Obwohl die Kindertaufe im Säuglingsalter weithin die Regel ist, werden für kleine Kinder in den Gemeinden sehr selten Angebote gemacht. Versuche z.B. mit Krabbelgottesdiensten oder mit Eltern-Kind-Gruppen belegen bislang zwar einen entsprechenden Bedarf, stellen aber noch keine wirkliche Lösung dar. Selbst eine Kinderbetreuung während der Gottesdienste ist vielfach noch nicht gewährleistet. In der Regel werden die Kinder nach der Taufe gleichsam nach Hause geschickt – mit der unwahrscheinlichen Erwartung, sie würden nach einigen Jahren von selbst wieder in die Gemeinde zurückkommen.

– Im sog. Hauptgottesdienst am Sonntagvormittag können Kinder kaum erfahren, dass sie in der Gemeinde willkommen sind. Schon die Kirchenräume selbst sind nahezu frei von Spuren, die Kinder dort hinterlassen haben könnten. Es gibt dort nur in Ausnahmefällen etwa Kinderbücher, die man anschauen könnte, oder von Kindern gemalte Bilder o.ä. Der vorherrschende Eindruck ist so wohl unvermeidlich: Der Hauptgottesdienst ist ein Erwachsenengottesdienst. Kinder wirken hier störend, so wie es dann in den Gottesdiensten auch tatsächlich erfahren wird – schreiende Kinder unterbrechen die Predigt, Erwachsene fühlen sich in ihrer Andacht und Konzentration unterbrochen usw.

- Bei den in vielen Gemeinden jetzt häufiger praktizierten Abendmahlsfeiern sind Kinder noch immer ausgeschlossen. Zwar beginnt sich die herkömmliche Praxis, bei der die Abendmahlszulassung erst mit der Konfirmation geschieht, allmählich zu wandeln, sodass auch Kinder und Jugendliche vor der Konfirmation am Abendmahl teilnehmen können. Selbst die in dieser Hinsicht offensten Kirchenleitungen wollen aber Kinder vor dem Schulalter auch weiterhin nicht am Abendmahl teilnehmen lassen (s. dazu noch im nächsten Abschnitt).

- Zwischen Kirche und Kindergarten gibt es in nicht wenigen Fällen erhebliche Kommunikationsprobleme, selbst wenn es sich um Einrichtungen in kirchlicher Trägerschaft handelt. Auch dort, wo im Kindergarten die religiöse Erziehung eine Rolle spielt, geschieht dies deshalb häufig nicht in Verbindung mit Kirche und Gemeinde. Dadurch werden kirchliche Kindergärten nicht sinnlos – für die Kinder sind sie von enormer Bedeutung, auch im Blick auf ihr Recht auf Religion. Eine Brücke zwischen Kind und Kirche stellt der Kindergarten dann aber sicher nicht dar.

- Angebote der kirchlichen Kinder- und Jugendarbeit, aber auch des Kindergottesdienstes erreichen nur einen kleinen Teil der Kinder.[41] Für diese Kinder sind sie zwar sehr wichtig, aber für die große Mehrheit der Kinder eröffnen auch sie offenbar kein positives Verhältnis zu Kirche und Gemeinde.

Angesichts dieser Situation muss über die genannten Bedenken der EKD-Synode hinsichtlich der Anerkennung von Kindern als Subjekten in der Gemeinde hinaus noch grundsätzlicher über ein – zugespitzt formuliert – gestörtes und jedenfalls schwieriges Verhältnis zwischen Kirche und Kind nachgedacht werden. Die von der Evangelischen Kirche im Rheinland geprägte schöne Formel »Gemeinde … Oase für Kinder«[42] ist ein wichtiges Leitbild, das durch die Realität aber nur sehr teilweise abgedeckt ist. Weithin ist Kirche – um im Bild zu bleiben – eine »Oase« zwar nicht ohne, aber doch mit verhältnismäßig wenigen Kinder, und vor allem mit zu wenig Wasserstellen, die für Kinder besonders einladend wären.

Wie könnte eine kinderfreundliche Gemeinde aussehen? Wie könnte sie entstehen? Der Theologe Henning Schröer hat hierzu einen bedenkenswerten Katalog zusammengestellt –»für eine selbstkritische Gemeindearbeit mit einem Realismus der Hoffnung«[43]:

» 1. Eltern-Kinder-Treff, nicht nur Krabbel- und Kindergruppen.
2. Familien- und Kindergottesdienst in guter Zuordnung zueinander; eine Alternative ist hier falsch.
3. Neue Formen der Kinderpredigt (was gerade eine Modifikation der üblichen Predigt bedeutet)
4. Kinderfreundliche Begegnung mit der Bibel.
5. Kindernachrichten im Gemeindeblatt.
6. Vertretung der Kinder im Presbyterium, Gemeinderat usw.
7. Kindergartenarbeit als Gemeindearbeit bis hin zu Familienbildungsstätten auf regionaler Grundlage.
8. Seelsorgerliche Einrichtung für Kinder (z.B. ein Kindertelefon).
9. Thematische Arbeit über Kinderprobleme (z.B. bei Adoption, … Gewalt, Mediengesellschaft, Zeiteinteilung, Gelderziehung, Geburtstags- und Konfirmationsfeiern, Straßenkinder usw.).
10. Gemeindefeste, Ausflüge und Freizeiten (z.B. Mitgestaltung und Mitrede, wo es hingehen soll).
11. Schulaufgabenhilfe.
12. Projekte zur Begegnung und Gemeinschaft mit behinderten und kranken Kindern, mit Kindern der Dritten Welt und Ausländerkindern«.

Diese Vorschläge sollen nicht erschöpfend sein. Sie machen aber deutlich, wie weit der Weg zu einer kindgerechten Kirche tatsächlich noch ist – trotz aller wichtigen und richtigen Anfänge. Dennoch ist festzuhalten, als Mahnung ebenso wie als Ermutigung: Wenn Kinder Kirche brauchen, haben sie auch ein Recht auf eine kindgerechte Kirche. Das Bemühen um eine solche Kirche muss weitergehen – um der Kinder willen, aber auch um der Kirche willen. Denn auch Kirche braucht Kinder!

Warum braucht Kirche Kinder?

Eine erste Antwort auf diese Frage ergibt sich, wie wir schon gesehen haben, daraus, dass Kinder Kirche brauchen. Wenn dies zutrifft, wird Kirche ihrem Auftrag in Pädagogik und Dienst am Menschen nur gerecht, wenn sie die Kinder tatsächlich erreicht und wenn sie sich ihnen gegenüber als Ort für Kinder darzustellen vermag. Dazu kommt, dass die Kirche wie jede Institution junge Menschen als Nachwuchs braucht. Weil die Menschen sterblich sind und weil die Menschheit aus immer wieder neuen Generationen besteht, ist jede menschliche Vereinigung immer wieder auf Erneuerung durch die jüngere Generation angewiesen. Wo eine solche Erneuerung ausbleibt, kommt eine Vereinigung bald an ihr Ende. Sie stirbt gleichsam aus.

Wollte sich Kirche aber bloß deshalb für Kinder interessieren, weil sie neue Mitglieder braucht, dann würde sie die Kinder doch nur für ihre eigenen Zwecke in Dienst nehmen und sie so zu Objekten machen. Die praktischen Erwägungen zum Wechsel der Generationen in der Kirche müssen deshalb nun auch theologisch und pädagogisch bedacht und näher bestimmt werden.

Im Neuen Testament gibt es vor allem zwei Texte, die den Zusammenhang zwischen Kind und Kirche bzw. Kind und Glaube in grundlegender Weise hervorheben. Der erste betrifft die Bedeutung des Kindes für christliches Handeln, der zweite die Bedeutung des Kindes für den christlichen Glauben:

> Und er nahm ein Kind und stellte es mitten unter sie und herzte es und sprach zu ihnen: Wer ein solches Kind aufnimmt in meinem Namen, der nimmt mich auf; und wer mich aufnimmt, der nimmt nicht mich auf, sondern den, der mich gesandt hat (Mk 9,36f.).

Hier identifiziert sich Jesus selbst mit dem Kind, das Aufnahme – also Unterstützung, Zuwendung, Anerkennung – finden soll. Und noch deutlicher: Wer dem Kind so begegnet, der begegnet Gott selbst. Die Kinder gehören so gesehen zu den »geringsten Brüdern« – den Schwachen und Schutzbedürftigen, von denen es an anderer Stelle (Mt 25,40) heißt: »Was ihr getan habt einem unter diesen meinen geringsten Brüdern, das habt ihr mir getan«.

Der Theologe Ulrich Becker spitzt dies zu in dem Satz, »daß Gott und sein Heil nur dort sind, wo auch Kinder sein können«.[44]

Die zweite Stelle im Neuen Testament, die als Magna Charta des Kinderglaubens bezeichnet werden kann, lautet so:

> Und sie brachten Kinder zu ihm, daß er sie anrührte. Die Jünger aber fuhren die an, die sie trugen. Da es aber Jesus sah, ward er unwillig und sprach zu ihnen:

Lasset die Kinder zu mir kommen und wehret ihnen nicht; denn solcher ist das Reich Gottes. Wahrlich, ich sage euch: Wer das Reich Gottes nicht empfängt wie ein Kind, der wird nicht hineinkommen. Und er herzte sie und legte die Hände auf sie und segnete sie (Mk 10,13-15).

Erwachsene sollen demnach von Kindern lernen, wie sie glauben sollen. Sie sollen werden »wie die Kinder« (Mt 18,3). Beides ist kaum möglich, wenn es in der Kirche keine Kinder gibt oder Kinder dort nur am Rande vorkommen.

Von solchen Bibeltexten her ergeben sich auch erhebliche Rückfragen an eine Praxis des Abendmahls, bei der Kinder prinzipiell von der Teilnahme ausgeschlossen sind.[45] Der Ausschluss der Kinder vom Abendmahl geht auf das Mittelalter zurück. Wer am Abendmahl teilnimmt, soll auch verstehen, dass dies ein besonderes Mahl ist und was es bedeutet. In der evangelischen Kirche wurde die Abendmahlsunterweisung im Konfirmandenunterricht deshalb zur Voraussetzung für die Teilnahme am Abendmahl.

Es ist sowohl vom Abendmahl als auch vom Kind her zu bejahen, dass eine Einführung in die Bedeutung des Abendmahls der Teilnahme vorausgehen sollte. Nicht haltbar ist jedoch die Annahme, eine solche Einführung sei im Kindesalter gar nicht möglich. Bei einer solchen Sicht werden einerseits Kinder unterschätzt, andererseits die Jugendlichen und Erwachsenen überschätzt.

Wenn in vielen Landeskirchen inzwischen eine Teilnahme am Abendmahl wenigstens ab dem Schulalter möglich ist (so die Empfehlung der VELKD von 1977), so ist dies als Fortschritt zu begrüßen. Zu bedenken bleibt aber, dass es weder theologische noch entwicklungspsychologische oder pädagogische Gründe dafür gibt, Kinder vor dem Schulalter prinzipiell vom Abendmahl auszuschließen. Deshalb reicht eine vorsichtige Lockerung der früheren Regelungen noch nicht aus. Eine erneuerte Haltung und Offenheit der Kirche für das Kind könnte und müsste seinen Ausdruck darin finden, dass kein getauftes Kind prinzipiell vom Abendmahl ausgeschlossen wird.[46] Zugleich muss dafür gesorgt sein, dass Kinder die religiöse Unterweisung erhalten, die sie für eine – ihrem Alter und Entwicklungsstand angemessene – verständige Teilnahme am Abendmahl brauchen.

Schließlich ist noch an einen weiteren Punkt zu erinnern – an die große Chance, die Kinder für Kirche im Sinne eines generationenübergreifenden Lernens bedeuten. Mit Kindern leben und auf sie zu hören, darin liegt – wie wir schon zu Beginn des Buches gesehen haben – auch für Erwachsene die Möglichkeit für ein bewussteres Leben und für einen neuen Zugang zur eigenen Lebensgeschichte. Die großen Fragen der Kinder öffnen auch uns den Blick für die großen Fragen unserer eigenen Existenz.

Das Recht des Kindes auf Religion ist kein Recht *gegen* die Erwachsenen. Dieses Recht ist vielmehr auch *für* die Erwachsenen, die nicht nur allesamt selber einmal Kinder waren, sondern die auch selber davon profitieren, wenn sie Kinder in religiöser Hinsicht begleiten. Kinderfragen sind nicht deshalb groß, weil Kinder noch klein sind – sie sind groß, weil sie auch noch so große Menschen umtreiben.

Ausblick:
Kinderrechte und das Recht auf Religion

Am Ende dieses Buches ist noch eine Frage zu klären: Was bedeutet es, wenn wir von einem *Recht* des Kindes auf Religion und religiöse Begleitung sprechen? In welchem Sinne kann hier überhaupt von einem Recht gesprochen werden?

Im engeren Sinne wird von Rechten im Blick auf Gesetze in Gesetzbüchern eines bestimmten Staates wie der Bundesrepublik Deutschland gesprochen sowie bei gesetzesähnlichen Erklärungen auf einer überstaatlichen Ebene. Um eine solche überstaatliche Erklärung handelt es sich beispielsweise bei der Konvention zum Schutze der Menschenrechte und Grundfreiheiten, die 1948 von den Vereinten Nationen verabschiedet und später auch ausdrücklich für die Bundesrepublik Deutschland übernommen worden ist. In einem weiteren Sinne können Rechte aber auch so verstanden werden, dass sie – über die gesetzlich verbrieften Ansprüche hinaus – das bezeichnen, was einem Menschen zukommt. Jeder Mensch hat ein Recht auf Leben und deshalb auch einen Anspruch auf das, was für das Leben notwendig ist. In dieser weiteren Bedeutung sind Rechte nicht nur von staatlichen Gesetzgebern wie den Parlamenten oder entsprechenden überstaatlichen Einrichtungen wie den Vereinten Nationen abhängig, sondern werden auch von Wissenschaften wie der Theologie oder der Pädagogik erörtert und können auch von entsprechenden Initiativgruppen in der Gesellschaft vertreten werden. In diesem weiteren Sinne haben wir uns auch im vorliegenden Zusammenhang auf das Recht des Kindes auf Religion berufen. Wir haben uns von der Frage leiten lassen, was dem Kind zukommt und was es für sein Aufwachsen braucht. So gesehen ist das Recht des Kindes auf Religion oder religiöse Begleitung keine im engeren Sinne rechtliche oder juristische Angelegenheit, sondern vor allem eine Herausforderung für Eltern, Erzieherinnen und Erzieher sowie für alle, die für das Aufwachsen von Kindern mitverantwortlich sind.

Die Berufung auf das Recht des Kindes auf Religion steht nun allerdings auch im Horizont des sich ganz allgemein in der Gesellschaft durchsetzenden Bewusstseins, dass Kinder auch in einem juristischen Sinne Rechte haben, die in Gesetze gefasst werden können. Der weltweit deutlichste Ausdruck dieses Bewusstseins ist die Konvention der Vereinten Nationen über die Rechte des Kindes von 1989. In dieser Konvention ist auch vom »Recht des Kindes auf Gedanken-, Gewissens- und Religionsfreiheit« die Rede (Art. 14). So kann es der weiteren Klärung des Rechts des Kindes auf Religion dienen, wenn wir in diesem Ausblick das Recht des Kindes auf Religion ausdrücklich in den Horizont der Kinderrechte rücken. Dabei soll auch deutlich werden, welche Aufgaben hier noch vor uns liegen.

Vorab ist noch ein mögliches Missverständnis auszuräumen: Das Recht des Kindes auf Religion bedeutet *keine Pflicht zur Religion*. In einem freiheitlichen Staat bleibt es am Ende jedem Einzelnen selbst überlassen, wie er sein Leben gestalten möchte. Das gilt auch bei vergleichbaren Rechten, die dem einzelnen Menschen Lebensmöglichkeiten garantieren und ihm doch nicht vorschreiben, dass und wie er diese Lebensmöglichkeiten wahrnehmen muss. Das Recht des Kindes auf Religion ist eine Frage der Freiheit – der Freiheit zur Religion, die aber auch die Möglichkeit einer Entscheidung gegen Religion einschließen muss.

Kinderrechte als Erbe des Jahrhunderts des Kindes

Es war die schwedische Pädagogin Ellen Key, die im Jahre 1900 mit ihrem gleichnamigen Buch das »Jahrhundert des Kindes« ausrief.[1] Wenn wir heute noch einmal in diesem Buch lesen, erfahren wir, dass am Anfang dieser Jahrhundertbewegung eine besondere Entdeckung stand – die Entdeckung nämlich, dass Kinder *eigene Rechte* haben. In der Anerkennung und Durchsetzung dieser Rechte lag ein wichtiges Anliegen dieser Bewegung.

Für Ellen Key und für ihr Verständnis des Kindes ging es zunächst um eine veränderte Auffassung von Erziehung, die sie in fast poetischer Sprache so ausdrückt:

»Selbst wie das Kind zu werden, ist die erste Voraussetzung, um Kinder zu erziehen«. »... das Kind wirklich wie seinesgleichen zu behandeln«, denn das »Kind hat seine eigene unendliche Welt, um sich darin zurechtzufinden, sie zu erobern, sich hineinzuträumen« – das sind Sätze, die für diese Auffassung bezeichnend sind.

Und was heißt dann Erziehung? Für E. Key heißt Erziehung, »das Kind mit Baumaterial für seine Persönlichkeit zu versehen und es dann selbst bauen zu lassen – das ist, mit einem Worte, die Kunst der Erziehung«.[2] Nicht alles, was wir bei E. Key im Blick auf die Rechte des Kindes finden, kann allerdings kritiklos akzeptiert werden. Vieles erscheint uns heute fragwürdig. Wie zum Beispiel steht es mit dem von ihr an oberster Stelle genannten Recht, »nicht in einer disharmonischen Ehe geboren« zu werden? Ist das überhaupt denkbar? Und machen sich darin nicht auch geradezu unmenschliche Vollkommenheitsansprüche bemerkbar? Oder, wie steht es mit jenen Stellen, an denen E. Key an eine weiche Euthanasie für behinderte Kinder zu denken scheint und dem Christentum falsche »Milde« zum Vorwurf macht?[3]

Offenbar musste man zu Beginn des 20. Jahrhunderts erst noch lernen, was es heißt, dass Kinder eigene Rechte haben. Immerhin dauerte es fast ein Vierteljahrhundert, bis im Jahre 1924 die *erste Erklärung der Kinderrechte* (Genfer Erklärung) verabschiedet werden konnte. Der erste Satz dieser Erklärung ist im vorliegenden Zusammenhang besonders interessant. Er heißt:

»Dem Kind muß ermöglicht werden, sich auf normale Weise zu entwickeln, in materieller und in spiritueller Hinsicht«.[4]

Was hier als Recht des Kindes verbrieft werden soll, kommt dem Recht des Kindes auf Religion bereits sehr nahe. Offenbar wird auch in dieser Erklärung davon ausgegangen, dass zur Entwicklung des Kindes nicht nur materielle Voraussetzungen gehören, sondern dass diese auch eine »spirituelle« oder religiöse Dimension einschließt. Im damaligen Denken lag es wohl nahe, dabei auch an eine entsprechende Unterstützung des Kindes und an eine Begleitung seiner Entwicklung zu denken.

Eine neue Stufe erreicht der auf die Rechte des Kindes bezogene Lernprozess mit der berühmten Schrift von Janusz Korczak »Das Recht des Kindes auf Achtung«, die 1928 im Umkreis der ersten Kinderrechtserklärung erschienen ist. Diese Schrift zeigt den pädagogischen Sinn der Rede vom Recht des Kindes. Auch hier handelt es sich um ein Plädoyer für eine veränderte Haltung gegenüber dem Kind. Der Eindrücklichkeit wegen sei es hier nochmals zitiert

»Von frühester Kindheit an wachsen wir in dem Gefühl auf, daß das Große mehr Bedeutung hat als das Kleine.

›Ich bin groß‹, freut sich das Kind, wenn man es auf einen Tisch stellt. – ›Ich bin größer als du‹, stellt es stolz fest, wenn es neben einem Gleichaltrigen steht und seine Größe an ihm mißt.

Wie beschämend ist es, wenn man sich auf Zehenspitzen hoch empor reckt und doch nicht weit genug hinauflangen kann; wie fällt das schwer, mit kleinen Schritten hinter den Großen herzulaufen, und aus der kleinen Hand rutscht das Glas so leicht ...

Achtung und Bewunderung erweckt nur das, was groß ist und mehr Platz einnimmt. Klein – das bedeutet alltäglich und wenig interessant. Kleine Leute, kleine Bedürfnisse, kleine Freuden und kleine Traurigkeiten«.

Korczak spricht hier als Anwalt des Kindes – für dessen Achtung. Und dabei kann er sich nicht nur auf Recht und Gesetz berufen, sondern auch auf Gott:

»Nur vor dem Gesetz und vor Gott gilt die Apfelblüte soviel wie der reife Apfel, die grüne Saat soviel wie das reife Feld.«

Schon zuvor hatte Korczak, in seiner ebenfalls vielbeachteten Darstellung »Wie man ein Kind lieben soll«, ein »Grundgesetz« der Freiheit – eine »Magna Charta Libertatis« – formuliert. Auf die dort genannten »drei Grundrechte« für das Kind haben wir uns im ersten Teil des Buches bereits bezogen:

»1. Das Recht des Kindes auf seinen Tod,
  2. Das Recht des Kindes auf den heutigen Tag,
  3. Das Recht des Kindes, so zu sein, wie es ist.«[5]

In einer langen Entwicklung ist es dann im Jahr 1959 zu einer ersten Erklärung der Vereinten Nationen über Kinderrechte gekommen und schließlich, im Jahre 1989, zur »Kinderrechtskonvention«, der wir uns nun zuwenden.[6]

Das Recht auf Religion und die Kinderrechtskonvention von 1989

Die Konvention der Vereinten Nationen über die Rechte des Kindes wird weithin als ein Meilenstein in der Bemühung um die rechtliche Anerkennung des Kindes als einer eigenständigen Person angesehen und gewürdigt. Darin zeigt sich tatsächlich eine Veränderung von erheblicher Tragweite: Lange Zeit war es ganz selbstverständlich, dass darüber, was für Kinder gut sei, nur die Erwachsenen entscheiden könnten. Demgegenüber wird jetzt den Kindern selbst eine Mitentscheidung und Mitbestimmung zugetraut. Das ist gemeint, wenn das Kind in dieser Diskussion als »eigenständiges Rechtssubjekt« angesprochen wird. Das Kind kann und soll demnach seine Rechte selbst wahrnehmen und also nicht nur durch andere, beispielsweise seine Eltern wahrnehmen lassen.[7]

Die Entwicklung »vom Kindeswohl zu den Kindesrechten« ist in eben diesem Sinne zu verstehen. Das Kind soll nicht mehr einfach bevormundet werden. Rechtliche Bestimmungen sollen nicht zu einer Fremdbestimmung geraten. Mitspracherechte der Kinder werden durchweg verstärkt – eine gewiss zu begrüßende Entwicklung, die allerdings insofern auch zu Spannungen führen muss, als das Kind ja immer auf die Fürsorge durch andere angewiesen bleibt und erst allmählich zu selbstständiger Handlungsfähigkeit finden kann. Diese Spannung muss bewusst bleiben, wenn von Rechten des Kindes die Rede ist. Was bedeutet dies nun für das Recht des Kindes auf Religion?

In Artikel 14 des Übereinkommens über die Rechte des Kindes wird auch Religion angesprochen. Deshalb gebe ich diesen Artikel hier wieder:

(1) Die Vertragsstaaten achten das Recht des Kindes auf Gedanken-, Gewissens- und Religionsfreiheit.
(2) Die Vertragsstaaten achten die Rechte und Pflichten der Eltern und gegebenenfalls des Vormunds, das Kind bei der Ausübung dieses Rechts in einer seiner Entwicklung entsprechenden Weise zu leiten.
(3) Die Freiheit, seine Religion oder Weltanschauung zu bekunden, darf nur den gesetzlich vorgesehenen Einschränkungen unterworfen werden, die zum Schutz der öffentlichen Sicherheit, Ordnung, Gesundheit oder Sittlichkeit oder der Grundrechte und -freiheiten anderer erforderlich sind.

Vor dem Hintergrund der im vorliegenden Buch vertretenen Auffassung, dass Religion ein Recht des Kindes darstellt, ist es sehr zu begrüßen, dass die Kinderrechtskonvention das Thema Religion nicht ausspart. Damit wird grundsätzlich anerkannt, dass Kinder auch in dieser Hinsicht Rechte haben. Kein Kind soll und darf daran gehindert werden, seine religiösen Fragen, Auffassungen und Gefühle in aller Freiheit zu äußern – dieses Recht wird hier garantiert.

Aus meiner Sicht ergeben sich an diesem Punkt allerdings auch kritische Rückfragen: Die Kinderrechtskonvention ordnet das Recht des Kindes auf Religion den sog. Freiheitsrechten zu. Dieses Recht wendet sich demnach vor allem gegen unzulässige Einschränkungen religiöser Äußerungen des Kindes. So gesehen geht es um ein Schutz- und Abwehrrecht. Nicht oder weniger wird gesehen, dass das Kind, wie deutlich geworden ist, nicht nur einen Schutz vor religiöser Überfremdung braucht, sondern vor allem auch eine Begleitung seiner religiösen Entwicklung. Die Kinderrechtskonvention unternimmt keinen Versuch, eine solche Begleitung zu gewährleisten.

Dabei kennt die Kinderrechtskonvention in anderer Hinsicht durchaus sog. Leistungsgarantien, insbesondere beim Recht auf Bildung. Betrachten wir auch die dafür einschlägigen Bestimmungen:

Artikel 28:
(1) Die Vertragsstaaten erkennen das Recht des Kindes auf Bildung an ...

Artikel 29:
(1) Die Vertragsstaaten stimmen darin überein, dass die Bildung des Kindes darauf gerichtet sein muss,
a) die Persönlichkeit, die Begabung und die geistigen und körperlichen Fähigkeiten des Kindes voll zur Entfaltung zu bringen;
b) dem Kind Achtung vor den Menschenrechten und Grundfreiheiten und den in der Charta der Vereinten Nationen verankerten Grundsätzen zu vermitteln;
c) dem Kind Achtung vor seinen Eltern, seiner kulturellen Identität, seiner Sprache und seinen kulturellen Werten, den nationalen Werten des Landes, in dem es lebt, und gegebenenfalls des Landes, aus dem es stammt, sowie vor anderen Kulturen als der eigenen zu vermitteln ...

Wiederum ist hervorzuheben, dass die Anerkennung des Rechts des Kindes auf Bildung einen deutlichen Forschritt darstellt. Das Recht auf Religion wird in diesem Zusammenhang aber nicht eigens erwähnt. Es kann zwar mitgemeint sein, wenn von der Entfaltung der kindlichen »Persönlichkeit« mitsamt der »geistigen und körperlichen Fähigkeiten des Kindes« die Rede ist. Auch die »kulturelle Identität« oder die »kulturellen Werte« schließen, genauer betrachtet, immer auch Religion ein. Aber ausdrücklich gesagt wird das in der Kinderrechtskonvention nicht.

So bleibt es bei der problematischen Zuordnung des Rechts des Kindes auf Religion allein zu den Freiheitsrechten, nicht aber zu den Leistungsgarantien. Dem entspricht es auch, dass bei den Verhandlungen, die der Verabschiedung der Kinderrechtskonvention vorausgingen, vor allem die Frage umstritten war, wieweit die Selbstbestimmungsrechte des Kindes im Verhältnis zu den Entscheidungs- und Erziehungsrechten der Eltern reichen.[8] Vielen Staaten war daran gelegen, dass die Rechte der Eltern nicht zu stark eingeschränkt würden. Die Bedeutung der Familie soll nicht hinter der Konzentration nur auf das einzelne Kind verschwinden.

In mancher Hinsicht ist die Gewährleistung der Elternrechte sehr wichtig – man denke beispielsweise nur an das Problem der sog. »Sektenkinder«, die im Kindesalter von einer entsprechenden Gruppe missioniert werden. Es ist von enormer Bedeutung, dass Eltern hier einschreiten können und ein entscheidendes Mitspracherecht besitzen.[9] Das Problem, dass Kinder auch unter religiöser Vernachlässigung und einer fehlenden religiösen Begleitung leiden können, darf darüber aber ebenfalls nicht vergessen werden.

Was wäre vor dem Hintergrund des vorliegenden Buches zu wünschen? Vor allem müsste das Recht des Kindes auf Religion als ein Bildungsrecht im Sinne einer Leistungsgarantie verstanden werden. Es gehört dann zu den Rechten des Kindes gegenüber dem Gemeinwesen – dem Staat oder der Kommune –, dass Kindern Möglichkeiten einer religiösen Begleitung und der religiösen Bildung zur Verfügung stehen. Wie an vielen Stellen bereits deutlich geworden ist, kann der Staat dazu nicht einfach in die Familie eingreifen – er kann die Familie aber unterstützen, auch in religionspädagogischer Hinsicht. Und der Staat kann dafür sorgen, dass in den Einrichtungen für Kinder – Kindergärten, Kindertagesstätten, Schulen usw. – auch ein religiöser Erziehungs- und Bildungsauftrag ernst genommen wird.[10] Das Kind hat ein Recht auf religiöse Bildung nicht erst in der Schule, die deshalb einen Religionsunterricht anbieten muss – es hat auch ein Recht auf religiöse Begleitung in der Kindheit vor der Schule.

Die bleibende Jahrhundertaufgabe

Wir haben gesehen, dass das »Jahrhundert des Kindes«, zu dem das 20. Jahrhundert werden sollte (und das es gleichwohl in vieler Hinsicht nicht gewesen ist), zumindest im Blick auf die Rechte des Kindes einen deutlichen Fortschritt erbracht hat. Seinen sichtbaren Ausdruck hat dies in der Verabschiedung der Kinderrechtskonvention im Jahre 1989 gefunden. Das Kind wird zunehmend als eigenständiges Rechtssubjekt anerkannt.

Nicht – noch nicht – erreicht worden ist jedoch die Garantie eines Rechts des Kindes auf Religion als Bildungsrecht. Darin bleibt die Kinderrechtskonvention hinter dem immerhin schon 1924 in der Genfer Erklärung festgelegten Grundsatz zurück, dass sich das Kind »in materieller und in spiritueller Hinsicht« entwickeln können soll und dass sich rechtliche Garantien auf diesen gesamten Bereich der kindlichen Entwicklung beziehen müssen.

So ist es eine bleibende Aufgabe auch im 21. Jahrhundert, für das Recht des Kindes auf Religion einzutreten. Das vorliegende Buch will alle, denen das Kind und seine Erziehung wichtig sind, dazu ermutigen, sich an dieser Aufgabe zu beteiligen. Es lohnt sich – für das Kind, aber auch für uns selbst als Erwachsene.

Anmerkungen

Einleitung

1. C.T. Scheilke/F. Schweitzer (Hg.): Kinder brauchen Hoffnung – Religion im Alltag des Kindergartens, Gütersloh/Lahr 1999.
2. K.E. Nipkow: Erwachsenwerden ohne Gott? Gotteserfahrung im Lebenslauf, München 1987, A. Biesinger: Kinder nicht um Gott betrügen. Anstiftungen für Mütter und Väter, Freiburg 1994, G. Klosinski (Hg.): Religion als Chance oder Risiko. Entwicklungsfördernde und entwicklungshemmende Aspekte religiöser Erziehung, Bern u.a. 1994.

Brauchen Kinder Religion?

1. R. Valtin: Mit den Augen der Kinder. Freundschaft, Geheimnisse, Lügen, Streit und Strafe, Reinbek 1991, Zitate S. 18, 26, zum folgenden 20.
2. F. Schleiermacher: Über die Religion. Reden an die Gebildeten unter ihren Verächtern, hg. v. R. Otto, Göttingen [6]1967, S. 111.
3. Zum theologischen Verständnis von Geheimnis vgl. u.a. E. Jüngel: Gott als Geheimnis der Welt, Tübingen 1977.
4. E.H. Erikson: Kindheit und Gesellschaft, Stuttgart [4]1971.
5. C. Erricker u.a.: The Education of the Whole Child, London 1997, S. 47f.
6. M. Fay: Brauchen Kinder Religion? Wie Eltern die Frage nach dem Sinn des Lebens beantworten, Hamburg 1994.
7. Berichtet von C. Bizer, zit. n. A. Biesinger: Kinder nicht um Gott betrügen, Freiburg 1994, S. 16.
8. D. Bohzin: Das behalt ich mir. Begegnungen mit Kindern im Krankenhaus, Hannover 1993, S. 23.
9. J.M. Hull: Wie Kinder über Gott reden. Ein Ratgeber für Eltern und Erziehende, Gütersloh 1997, S. 20f. (eigene Übersetzung).
10. J. Oelkers: Die Frage nach Gott. Über die natürliche Religion von Kindern. In: V. Merz (Hg.): Alter Gott für neue Kinder? Das traditionelle Gottesbild und die nachwachsende Generation, Freiburg/ Schweiz 1994, S. 15.
11. E. Key: Das Jahrhundert des Kindes (1900), Königstein 1978.
12. B. Bettelheim: Kinder brauchen Märchen, Stuttgart 1977; ders.: Kinder brauchen Bücher, Stuttgart 1982. Die englischen Originaltitel lauten: »The Uses of Enchantment« und »On Learning to Read«.
13. Deutsches Jugendinstitut (Hg.): Was für Kinder. Aufwachsen in Deutschland. Ein Handbuch, München 1993; M. Kellmer Pringle: Was Kinder brauchen, Stuttgart 1979.

14. M. Kellmer Pringle Was Kinder brauchen, Stuttgart 1979, S. 20.
15. B. Bettelheim: Kinder brauchen Märchen, Stuttgart 1977, Zitate i.f. S. 9, 13f., 18, 29, 53.
16. G.E. Schäfer: Bildungsprozesse im Kindesalter. Selbstbildung, Erfahrung und Lernen in der frühen Kindheit, Weinheim/München 1995, E.H. Erikson: Identität und Lebenszyklus, Frankfurt a.M. 1974.
17. E.H. Erikson: Identity. Youth and Crisis, New York 1968, S. 220. Zum theologischen Hintergrund vgl. auch W. Pannenberg: Anthropologie in theologischer Perspektive, Göttingen 1983, S. 185ff.
18. J. Korczak: Wie man ein Kind lieben soll, Göttingen [8]1983, S. 40, 44.
19. Tod und Trauer im Umgang mit Kindern. Eine Handreichung für Eltern, im Auftrag des Ministeriums für Arbeit, Gesundheit und Soziales des Landes Nordrhein-Westfalen, 1997, Zitat S. 22f., 35.
20. J. Schroeder u.a.: »Liebe Klasse, ich habe Krebs!« Pädagogische Begleitung lebensbedrohlich erkrankter Kinder und Jugendlicher, Tübingen 1996, S. 53 und 49.
21. A.-M. Rizzuto: The Birth of the Living God, Chicago/London 1979.
22. Zur Forschung über Moralpsychologie und -erziehung vgl. besonders F. Oser/ W. Althof: Moralische Selbstbestimmung. Modelle der Entwicklung und Erziehung im Wertebereich, Stuttgart 1992; s. auch G. Adam/F. Schweitzer (Hg.): Ethisch erziehen in der Schule, Göttingen 1996, K.E. Nipkow: Bildung in einer pluralen Welt. Bd. 1: Moralpädagogik im Pluralismus, Gütersloh 1998.
23. H. Küng: Projekt Weltethos, München/Zürich 1990.
24. Vgl. bes. G.E. Schäfer: Bildungsprozesse im Kindesalter, Weinheim/München 1995.
25. T. Moser: Gottesvergiftung, Frankfurt a.M. 1976.
26. F. Zorn: Mars, München [8]1977, J. Richter: Himmel, Hölle, Fegefeuer, Reinbek 1985, M. Schaefer: Weil ich beim Beten lügen musste. Rekonstruktion einer verlorenen Kindheit, Stuttgart 1992, D. Scherf (Hg.): Der liebe Gott sieht alles. Erfahrungen mit religiöser Sozialisation, Frankfurt a.M. 1984.
27. G. Klosinski (Hg.): Religion als Chance oder Risiko. Entwicklungsfördernde und entwicklungshemmende Aspekte religiöser Erziehung, Bern u.a. 1994.
28. P. Büchner: Vom Befehlen und Gehorchen zum Verhandeln. Entwicklungstendenzen von Verhaltensstandards und Umgangsnormen seit 1945. In: U. Preuss-Lausitz u.a.: Kriegskinder, Konsumkinder, Krisenkinder. Zur Sozialisationsgeschichte seit dem Zweiten Weltkrieg, Weinheim/Basel 1983, S. 196-212.
29. Dazu ausführlich F. Schweitzer: Lebensgeschichte und Religion. Religiöse Entwicklung und Erziehung im Kindes- und Jugendalter, erw. 4. Aufl. Gütersloh 1999.
30. M.-S. Honig: Entwurf einer Theorie der Kindheit, Frankfurt a.M. 1999, S. 70.
31. D.N. Stern: Tagebuch eines Babys, München/Zürich 1993, der Bericht i.f. findet sich auf S. 146, die Deutung S. 151ff.
32. I. Baldermann: Gottes Reich – Hoffnung für Kinder. Entdeckungen mit Kindern in den Evangelien, Neukirchen-Vluyn 1991, vgl. auch ders.: Wer hört mein Weinen? Kinder entdecken sich selbst in den Psalmen, Neukirchen-Vluyn 1986.

136

33. R. Fatke (Hg.): Was macht ihr für Geschichten? Ausdrucksformen des Kinder-Lebens, München 1994, S. 22.
34. Vgl. D.W. Winnicott: Vom Spiel zur Kreativität, Stuttgart [2]1979.
35. F. Schweitzer: Lebensgeschichte und Religion. Religiöse Entwicklung und Erziehung im Kindes- und Jugendalter, erw. 4. Aufl. Gütersloh 1999.
36. Vgl. Endbericht der Enquete-Kommission »Sogenannte Sekten und Psychogruppen« (Deutscher Bundestag 13. Wahlperiode, Drucksache 13/10950 vom 9.6.1998), Zitat i.f. S. 81. – Zum Selbstverständnis der Kommission ist folgende Ausführung aufschlussreich: »Ihre Aufgabe, die Konflikt- und Problemfelder im Bereich der neuen religiösen und ideologischen Gemeinschaften und Psychogruppen zu analysieren sowie Lösungen zu finden und nicht Glaubensinhalte zu prüfen, entspricht einerseits in vollem Umfang der durch das Grundgesetz garantierten Religions- und Bekenntnisfreiheit und der damit verbundenen staatlichen religiösen und weltanschaulichen Neutralität. Andererseits nimmt die Enquete-Kommission damit die dem Staat obliegende Aufgabe des Schutzes des Einzelnen vor Eingriffen in seine geschützten Rechte und des Schutzes der Gesellschaft wahr« (S. 13).
37. K.-H. Eimuth: Die Sekten-Kinder, Freiburg u.a. 1996.
38. Solche Fehlformen der religiösen Erziehung diskutiert der Kinder- und Jugendpsychiater G. Klosinski: Psychokulte. Was Sekten für Jugendliche so attraktiv macht, München 1996, bes. S. 73ff.
39. Zum folgenden vgl. H.-R. Weber: Jesus und die Kinder, Hamburg 1980, P. Müller: In der Mitte der Gemeinde. Kinder im Neuen Testament, Neukirchen-Vluyn 1992.

Was den Erwachsenen Schwierigkeiten macht: Zwischen Unsicherheit und neuer Chance

1. R. Schuster (Hg.): Was sie glauben. Texte von Jugendlichen, Stuttgart 1984, S. 9.
2. T. Moser: Gottesvergiftung, Frankfurt a.M. 1976; F. Zorn: Mars, München [8]1977, J. Richter: Himmel, Hölle, Fegefeuer. Versuch einer Befreiung, Reinbek 1985; D. Scherf (Hg.): Der liebe Gott sieht alles. Erfahrungen mit religiöser Sozialisation, Frankfurt a.M. 1984, H. Mynarek: Religiös ohne Gott? Neue Religiosität der Gegenwart in Selbstzeugnissen, Düsseldorf 1983.
3. K. Frielingsdorf: Dämonische Gottesbilder, Mainz 1992, Zitate i.f. S. 142, 152.
4. Vgl. dazu, mit zahlreichen Literaturhinweisen, B. Grom: Religionspsychologie, München/Göttingen 1992 sowie G. Klosinski (Hg.): Religion als Chance oder Risiko. Entwicklungsfördernde und entwicklungshemmende Aspekte religiöser Erziehung, Bern u.a. 1994.
5. Als knappe Zusammenfassung vgl. P. Büchner: Vom Befehlen und Gehorchen zum Verhandeln. Entwicklungstendenzen von Verhaltensstandards und Umgangsnormen seit 1945. In: U. Preuss-Lausitz u.a.: Kriegskinder – Konsumkinder – Krisenkinder. Zur Sozialisationsgeschichte seit dem Zweiten Weltkrieg, Weinheim/Basel 1983, S. 196-212; vgl. auch H. Fend: Sozialgeschichte des Aufwachsens, Frankfurt a.M. 1988.

6. H. Hanisch: Die zeichnerische Entwicklung des Gottesbildes bei Kindern und Jugendlichen, Stuttgart/Leipzig 1996, S. 96.

7. R. Schuster: Was sie glauben. Texte von Jugendlichen, Stuttgart 1984, S. 12.

8. M. Fay: Brauchen Kinder Religion? Wie Eltern die Fragen nach dem Sinn des Lebens beantworten, Hamburg 1994, S. 22f. (Übersetzung leicht verändert).

9. Schweizerisches Pastoralsoziologisches Institut (Hg.): Religiöse Lebenswelt junger Eltern, Zürich 1989, 142f.

10. Schweizerisches Pastoralsoziologisches Institut (Hg.): Junge Eltern reden über Religion und Kirche, Zürich 1986, S. 26.

11. J. Hanselmann u.a. (Hg.): Was wird aus der Kirche? Ergebnisse der Zweiten EKD-Umfrage über Kirchenmitgliedschaft, Gütersloh 1984, Zitate i.f. S. 192.

12. Studien- und Planungsgruppe der EKD (Hg.): Quellen religiöser Selbst- und Weltdeutung. Die themenorientierten Erzählinterviews der dritten EKD-Erhebung über Kirchenmitgliedschaft. Bd. I: Dokumentation, Hannover 1998.

13. Ebd., S. 81, sprachlich leicht geglättet.

14. J.-J. Rousseau: Emile oder Über die Erziehung, Paderborn u.a. ⁵1981, S. 270.

15. F. Schleiermacher: Über die Religion. Reden an die Gebildeten unter ihren Verächtern, Göttingen ⁶1967, S.108.

16. Vgl. W. Lück/F. Schweitzer: Religiöse Bildung Erwachsener. Grundlagen und Impulse für die Praxis, Stuttgart u.a. 1999.

17. Vgl. als Überblick F. Schweitzer: Lebensgeschichte und Religion. Religiöse Entwicklung und Erziehung im Kindes- und Jugendalter, Gütersloh ⁴1999, W. Sparn (Hg.): Wer schreibt meine Lebensgeschichte? Gütersloh 1990.

18. K. Rahner: Grundkurs des Glaubens, Freiburg u.a. 1976, S. 35.

19. G. Ebeling: Die Klage über das Erfahrungsdefizit in der Theologie als Frage nach ihrer Sache. In: ders.: Wort und Glaube. Bd. 3, Tübingen 1975, S. 25; E. Jüngel: Unterwegs zur Sache, München 1972, S. 8.

Mit Kindern das Leben erfahren und bedenken: Konturen einer neuen Praxis

1. Zum Religionsunterricht in der Grundschule vgl. ausführlicher F. Schweitzer/ G. Faust-Siehl (Hg.): Religion in der Grundschule. Religiöse und moralische Erziehung, Frankfurt/M. ³2000.

2. C.T. Scheilke/F. Schweitzer (Hg.): Kinder brauchen Hoffnung. Religion im Alltag des Kindergartens. Bd. 1: Mit Geheimnissen leben, Gütersloh/Laar 1999.

3. J. Korczak: Das Recht des Kindes auf Achtung, Göttingen ³1979, Zitate i.f. S. 7, 25f., 29.

4. So vor allem im 19. Jahrhundert; Belege bei F. Schweitzer: Die Religion des Kindes. Zur Problemgeschichte einer religionspädagogischen Grundfrage, Gütersloh 1992, S. 242.

5. Zusatzprotokoll zur Konvention zum Schutze der Menschenrechte und Grund-
    freiheiten vom 20. März 1952, zitiert nach: Grundgesetz mit Deutschlandver-
    trag, Grundvertrag, Menschenrechts-Konvention usw. Textausgabe G. Dürig,
    München ²³1987, S. 116.
6. H.-L. Freese: Kinder sind Philosophen, Berlin 1989, Zitate i.f. S. 22, 16.
7. E. Zoller: Die kleinen Philosophen. Vom Umgang mit »schwierigen« Kinderfra-
    gen. Freiburg u.a. 1995, S. 10.
8. Ebd., S. 102
9. Ebd., 104.
10. Vgl. dazu etwa F. Oser/P. Gmünder: Der Mensch – Stufen seiner religiösen
    Entwicklung. Ein strukturgenetischer Ansatz, Zürich/Köln 1984. Zum In-
    einander von theologischen und philosophischen Kinderfragen vgl. auch
    den Bericht von einem Gespräch zwischen dem Religionspädagogen K.E.
    Nipkow und dem Philosophen H.-L. Freese in: TPS Extra 27 (1997), S. 26ff.
    Zur Kindertheologie gibt es inzwischen einige Vorüberlegungen sowie ein-
    zelne Hinweise, aber noch keine Gesamtdarstellungen. Verwiesen sei beson-
    ders auf die Arbeiten folgender Autoren: Fritz Oser, Anton Bucher, Gerhard
    Büttner/Hartmut Rupp und Rainer Oberthür. Ansätze einer Kindertheologie
    im Blick auf das Christusverständnis enthält der Band: Jesus Christus in Le-
    benswelt und Religionspädagogik (Jahrbuch der Religionspädagogik Bd. 15),
    Neukirchen-Vluyn 1999. Weitere Veröffentlichungen werden im Folgenden
    genannt.
11. J. Oelkers: Die Frage nach Gott. Über die natürliche Religion von Kindern. In:
    V. Merz (Hg.): Alter Gott für neue Kinder? Das traditionelle Gottesbild und die
    nachwachsende Generation, Freiburg/Schweiz 1994, S. 13-22, Zitate i.f. S. 13,
    15, 19f.
12. E. Robinson: The Original Vision. A Study of the Religious Experience of Child-
    hood, New York 1983.
13. J.M. Hull: Wie Kinder über Gott reden. Ein Ratgeber für Eltern und Erziehende,
    Gütersloh 1997, Zitate i.f. S. 40f.
14. Für Eltern, aber auch für Erzieherinnen, die sich selbst in solchen Fragen nicht
    genügend informiert fühlen, kann die heute verfügbare sog. kirchenpädagogi-
    sche Literatur vielleicht eine Hilfe sein; vgl. bes. R. Degen/I. Hansen (Hg.): Lernort
    Kirchenraum, Münster u.a. 1998.
15. Vgl. den Bericht von E. Netter: Imagine … In: Jahrbuch der Religionspädagogik
    13 (1997), S. 187-192.
16. Vgl. etwa W. Sanders/K. Wegenast (Hg.): Erzählen für Kinder – Erzählen von
    Gott. Begegnung zwischen Sprachwissenschaft und Theologie, Stuttgart u.a. 1983,
    G. Baudler: Kindern heute Gott erschließen. Theorie und Praxis einer Evangeli-
    sation durch Erzählen, Paderborn u.a. 1986, R. Tschirch: Biblische Geschichten
    erzählen, Stuttgart u.a. 1997.
17. So R. Fatke (Hg.): Was macht ihr für Geschichten? Ausdrucksformen des Kin-
    der-Lebens, München 1997, S. 22.

18. J.W. Berryman: Godly Play. A Way of Religious Education, San Francisco 1991.

19. E. Key: Das Jahrhundert des Kindes (1900), Königstein 1978, Zitat i.f.S. 135.

20. Vgl. etwa die Arbeiten von I. Baldermann: Wer hört mein Weinen? Kinder entdecken sich selbst in den Psalmen, Neukirchen-Vluyn 1986 und von R. Oberthür: Kinder fragen nach Leid und Gott, München 1998.

21. K. u. P. Wegenast: Biblische Geschichten dürfen auch »unrichtig« verstanden werden. Zum Erzählen und Verstehen neutestamentlicher Erzählungen. In: D. Bell u.a. (Hg.): Menschen suchen – Zugänge finden. Auf dem Weg zu einem religionspädagogisch verantworteten Umgang mit der Bibel. Festschrift für Christine Reents, Wuppertal 1999, S. 246-263.

22. A.A. Bucher: Eine bloße Geschichte – oder ein Gleichnis? In: Der Ev.Erzieher 41 (1989), S. 429-439.

23. Vgl. F. Schweitzer/K.E. Nipkow/G. Faust-Siehl/B. Krupka: Religionsunterricht und Entwicklungspsychologie. Elementarisierung in der Praxis, Gütersloh [2]1997, S. 15ff.

24. D. Bobzin: Das behalt ich mir. Begegnungen mit Kindern im Krankenhaus, Hannover 1993, S. 68.

25. Wuppertal/Kassel 1995.

26. Gießen 1994.

27. R. Oberthür: Die Seele ist eine Sonne. Was Kinder über Gott und die Welt wissen, München 2000, S. 124. Auch dieses Buch kann als Beitrag zur Theologie mit Kindern gelesen werden.

28. M. Schaefer: Weil ich beim Beten lügen mußte. Rekonstruktion einer verlorenen Kindheit, Stuttgart 1992, Zitate i.f. S. 5, 49.

29. Zum folgenden vgl. M. Ebertz: Heilige Familie? Die Herausbildung einer anderen Familienreligiosität. In: Deutsches Jugendinstitut (Hg.): Wie geht's der Familie? Ein Handbuch zur Situation der Familien heute, München 1988, S. 403-414 (darin Hinweise auch auf die im Folgenden erwähnten älteren Untersuchungen); s. auch U. Schwab: Familienreligiosität, Stuttgart u.a. 1995.

30. Z.B. die Shell-Jugendstudien: W. Fuchs: Konfessionelle Milieus und Religiosität. In: Jugendliche und Erwachsene '85. Bd. 1, hg. Jugendwerk der Dt. Shell, Leverkusen 1985, S. 265-304; J. Eiben: Kirche und Religion – Säkularisierung als sozialistisches Erbe? In: Jugend '92. Bd. 2, hg. Jugendwerk der Dt. Shell, Opladen 1992, S. 91-104.

31. Auch mit weiteren Begründungen und Beispielen G. Faust-Siehl u.a.: Mit Kindern Stille entdecken, Frankfurt/M. [3]1992.

32. S. z.B. E.H. Erikson: Kinderspiel und politische Phantasie. Stufen in der Ritualisierung der Realität, Frankfurt/M. 1978, G. Klosinski (Hg.): Pubertätsriten, Bern u.a. 1991.

33. Vgl. C.T. Scheilke/F. Schweitzer (Hg.): Kinder brauchen Hoffnung. Religion im Alltag des Kindergartens. Bd. 1: Mit Geheimnissen leben, Gütersloh/Lahr 1999, S. 59ff.

34. Leider sind die entsprechenden Untersuchungen schwer zu greifen und meist in englischer Sprache geschrieben; als eine der neuesten Zusammenfassungen, auch mit eigenen Untersuchungsergebnissen, vgl. K. Tamminen: Religiöse Entwicklung in Kindheit und Jugend, Frankfurt/M. u.a. 1993, S. 223ff.; vgl. auch F. Oser/A. Bucher: Wie beten Kinder und Jugendliche – Entwicklungsstufen und Lernhilfen. In: Lebendige Katechese 7 (1985), S. 163ff.

35. Um nur drei unterschiedliche Beispiele zu nennen: F. Johannsen (Hg.): Wir freuen uns auf diesen Tag. Kindergebete, Gütersloh 1984 bietet eine kleine Sammlung nicht weiter kommentierter Vorschläge. Der Band von H. und J. Zink: Wie Sonne und Mond einander rufen. Gespräche und Gebete mit Kindern, Stuttgart 1980, enthält an vielen Stellen Gedanken für Erwachsene, Gesprächsimpulse und Gebete für Kinder. Einen Versuch, von Kindern selbst formulierte Gebete zu sammeln, unternimmt R. Schindler: Was Kinder von Gott erwarten. Gebetstexte von Kindern und was sie uns damit sagen wollen, Lahr 1993; allerdings stammen diese Gebete fast durchweg aus dem Religionsunterricht der Schule.

36. R. Schindler: Erziehen zur Hoffnung. Ein Elternbuch zur religiösen Erziehung, Zürich/Lahr ³1986, S. 44.

37. So z.B. I. Baldermann: Die Bibel – Buch des Lernens, Göttingen 1980.

38. Vgl. z.B. C. Bizer: Liturgie und Didaktik. In: Jahrbuch der Religionspädagogik 5 (1989), S. 83-111.

39. R. Degen/I. Hansen (Hg.): Lernort Kirchenraum, Münster u.a. 1998, T. Klie (Hg.): Der Religion Raum geben – Kirchenpädagogik und religiöses Lernen, Münster 1998, M.L. Goecke-Seischab/J. Ohlemacher: Kirchen erkunden, Kirchen erschließen, Lahr 1998.

40. Synode der EKD: Aufwachsen in schwieriger Zeit – Kinder in Gemeinde und Gesellschaft, hg. v. Kirchenamt der EKD, Gütersloh 1995, S. 59.

41. F. Schweitzer: Die Suche nach eigenem Glauben. Einführung in die Religionspädagogik des Jugendalters, Gütersloh ²1998, S. 164ff.

42. Gemeinde … Oase für Kinder. Von den Chancen der Arbeit mit Kindern in der Gemeinde. Eine Arbeitshilfe, vorgelegt vom Ausschuß »Arbeit mit Kindern in der Ev. Kirche im Rheinland«, Düsseldorf 1994.

43. H. Schröer: Möglichkeiten eines kinderfreundlichen Gemeindeaufbaus. In: ebd., S. 75.

44. U. Becker: Das Kind in der Mitte. Systematische und sozialethische Überlegungen. In: Bildung und Kirche. Herausforderungen des gesellschaftlichen Wandels für das pädagogische Handeln der Kirche, Comenius-Institut: Münster 1985, S. 103.

45. Vgl. zu diesem Zusammenhang Ev. Landeskirche in Baden (Hg.): Abendmahl feiern mit Kindern. Eine Arbeitshilfe, 1995, G. Ottmar (Hg.): Mit Kindern Taufe und Abendmahl feiern, Gütersloh 1998, J. Blohm: Abendmahl feiern mit Kindern, München 1998.

46. Vgl. M. Welker: Was geht vor beim Abendmahl? Stuttgart 1999, S. 152ff.

Ausblick: Kinderrechte und das Recht auf Religion

1. E. Key. Das Jahrhundert des Kindes, Königstein 1978.
2. Ebd., S. 50ff.
3. Ebd., 20, 17.
4. Zitiert nach U. Carle: 75 Jahre Rechte der Kinder – Was haben drei Generationen aus den Forderungen der Zwanzigerjahre gemacht? In: dies./A. Kaiser (Hg.): Rechte der Kinder, Hohengehren 1998, S. 12-23, 14, die allerdings das französische Wort »spirituell« verengend mit »geistig« übersetzt.
5. J. Korczak: Wie man ein Kind lieben soll, Göttingen [8]1983, S. 40. – Die vorausgehenden Zitate aus J. Korczak: Das Recht des Kindes auf Achtung, Göttingen [3]1979, S. 7, 10.
6. Zu diesem Prozess vgl. G. Dorsch: Die Konvention der Vereinten Nationen über die Rechte des Kindes, Berlin 1994; dort sind auch die entsprechenden Erklärungen dokumentiert.
7. Zu dieser Diskussion vgl. neben den bereits genannten Büchern von U. Carle/A. Kaiser und G. Dorsch besonders C. Steindorff (Hg.): Vom Kindeswohl zu den Kindesrechten, Berlin/Neuwied u.a. 1994, M. Hugoth: Kinderrechte und ihre Relevanz für die Politik und Arbeit mit und für Kinder in Deutschland. In: caritas '98, S. 65-73, M. Rauch-Kallat/J.W. Pichler (Hg.): Entwicklungen in den Rechten der Kinder im Hinblick auf das UN-Übereinkommen über die Rechte des Kindes, Wien u.a. 1994.
8. Vgl. G. Dorsch: Die Konvention der Vereinten Nationen über die Rechte des Kindes, Berlin 1994, S. 127ff.
9. Zu dieser Problematik vgl. das wichtige Buch K.-H. Eimuth: Die Sekten-Kinder, Freiburg u.a. 1996.
10. Diese Auffassung ist weiter entwickelt in C. Scheilke/F. Schweitzer (Hg.): Kinder brauchen Hoffnung – Religion im Alltag des Kindergartens, Gütersloh/Lahr 1999, s. auch F. Schweitzer/G. Faust-Siehl (Hg.): Religion in der Grundschule. Religiöse und moralische Erziehung, Frankfurt/M. [3]2000.